万葫堂年鉴
WANHUTANGNIANJIAN 2010

刘怀勇 主编

北京万葫堂美术馆

北京万葫堂美术馆组织机构成员名单

馆长：	刘怀勇
常务副馆长：	单明波
副馆长：	李　铮
	丁雪峰
	武建军
	魏　源
	刘　旭
秘书长：	王汉民
副秘书长：	孔祥民
	赵雪伟
	耿宏亮
办公室主任：	何彦超
办公室副主任：	井文民
刘怀勇工作室主任：	魏　源
财务部主任：	刘　旭
展览部主任：	郭庆志
理论部主任：	赵雪伟
理论部副主任：	陈延华
创作部主任：	孔祥民
培训部主任：	耿宏亮

理事会每三年换届一次，由全体会员鼓掌通过。

北京万葫堂美术馆

2010年3月1日

刘怀勇，字正德，别署历下山夫，凹斋，1960年2月生于济南历城。现为中国美术家协会会员、中国书法家协会会员，清华大学中国画高级研修班主讲导师、教授。应邀为中国美术家协会中国画高研班、中国艺术研究院中国书法院、国立台湾台中教育大学艺术学院讲学，主持清华大学第一、二、三、四、五届中国画高级研修班。山水、花鸟、书法、篆刻，多次入选全国大展并获奖。入编《中国书法百家作品集》、《中国山水画百家作品集》，中国文联出版社出版《凹斋课稿》，清华大学出版社出版《清华大学中国画高级研修班——刘怀勇课稿》，河北美术出版社出版《刘怀勇花鸟课稿》、《刘怀勇书法课稿》。

以形媚道　志在高远

——序

北京万葫堂美术馆是在清华大学中国画高研班的基础上筹建而成，自第一届高研班结业之时，我就有了这个想法，并承诺在北京给大家建一个 010 的家。而今，清华大学中国画高研班已经是第六届了，在全国的范围内培养了一大批卓有成就的书画家，他们在各自的岗位上承传与弘扬着祖国灿烂的书画艺术。还有一部分学友致力于中国画深层次的发掘与研究，他们效仿白石老人，成为了一个“北漂”画家。缘起于此，北京万葫堂美术馆就成了他们的家。大家在这里互相学习，互相切磋，共同发展，共同努力。屡屡的在全国大展上看见他们熟悉的名字。

我跟王镛老师、贾又福老师探讨过，我说中国画高研班的进修一年时间太少。他们问为什么？我说，一年的学习就像“过水的肉”，吃又吃不得，放又放不住。刚刚上手，刚刚改掉了十年、几十年的习气或毛病，放虎归山，又回到了原点。我的教学理论是，在高研班学习一年，再到工作室辅导创作一年，第三年自修一年。三年严谨细致的研修，培养出一个国家级的人才。（三年不成才，改行另谋高就）

做一个良师很难，做一个中国画的良师更难。你不仅要业务精湛，而且要理顺思路，抓住纲的东西，发掘艺术规律，启迪学员在继承的基础上充分发挥自己的聪明才智。而不是亦步亦趋，鹦鹉学舌，天下乌鸦一般黑。中国画的教学是世界艺术史上最难的科目。换句话说，中国画就不是教出来的，教出来的都成了画匠、写字匠。“技进乎道”，技是根本，技是手工艺人所必须锤炼的功夫。中国画亦不能除外，技法是生命。但是，中国画的技是有生命意义的，“进乎道”，说明它与道是相联系的，相互增长的。那么，如何在技法中显现道的存在，又如何将道融入技法中去，道又是何物？这些问题困扰着我，我努力的去思索，努力的在传统的经典作品中去寻觅，努力的发现他们存在的艺术规律，又努力的用浅显的语言，甚至是嬉笑怒骂的方式，将“玄而又玄、恍兮惚兮”的道，通过“打禅”的方式传递给大家。甚至，手把手的教，在一根点线之间体会“其中有象，其中有物，其中有精，其中有信”的道体存在。

恍兮惚兮，余主持清华大学中国画高研班已经第六个年头了，感谢学校领导给予我的信任和支持，感谢来自全国的画友们对我的信任和支持。教学，是我的事业，不是我的职业，因为爱，我才选择了你们，你们的成长与成功，是我最好的作品。当然，在教学的过程中我自己亦收益颇多，在全国范围内处处有朋友，而且，我也努力的想把自己培养成一个大家。此集是北京万葫堂美术馆第一本综合性的年鉴，真实的记录下大家一年的学习成果。相信在大家共同的努力下，清华大学中国画高研班会越办越好！刘怀勇书画艺术工作室会越办越好！北京万葫堂美术馆会越办越好！

朋友们，让我们真诚的团结起来，共同续写中国画美丽的华章！

刘怀勇

2011 年 10 月 8 日于凹斋

目录

我的教学大纲

——中国画高研班浅说

大乐—海殇1　240cm×62cm　2010年

中国画教学实在是一个很难把握，很难搞好的科目。大凡艺术创作都没有什么规律可循，所以，中国画教学从来就没有一本统一的教材或统一的教学大纲。院校之间不同，每个老师之间也不一样。这就是艺术，艺术需要“百花齐放，百家争鸣”。个性，是艺术的生命。但是，院校的教学不同于私塾式的师傅带徒弟，面对着年龄不同，学历不同，天分不同，才情不同，好恶不同等等的不同，不可以用一己的个性抑或风格去培养学生，不可以像生产一样，一个模子里倒出来。那样实在是一种扼杀，不只是误人子弟。

中国画的教学，如同中国画的创作一样，大有大道，小有小道。“登峄山而小鲁，登泰山而小天下”。教师自身的天分、学养、修为、才情、品德、境界，至关重要的影响着教学的质量。只有才无德不行，只有德无才也不行，有才有德不会教也不行。难啊，中国画的教学是一门综合知识的学科，绘画本身只是一个载体，所承载的已远远超出了绘画的范畴。诸如：才情、学养、品德、修为，又如：气韵、气息、气格，再如：“天人合一”，“骨法用笔”，“外师造化，中得心源”等等人文主义的理念统统可以融入到笔墨语言，融入到画面的构成形式。“有法而无法”，“无法亦有法”，虚虚实实，真真假假，在似象非象之间彰显着中国画的玄冥大道。这就是中国画。

中国画的教学，无论师者的能力大小，一定要站在历史的高度，俯视的去研究学习。贵在“取法乎上”，贵在理顺弄清了中国画发展的主流方向，在继承中发展，在发展中继承。

充分发现与发挥学员天分禀性的不同，因材施教，“扬长补短，技道双修”是我们的教学宗旨。

经过了三十余年的书画学习和经过了近十五年的书画教学，站在历史的高度，站在一个“师德”的立场上，一切为出作品，出人才去着想，我逐渐摸索并确定了这么一套中国画高研班的教学大纲与课程设置：

《芥子园画谱》起手——书法篆刻学习——古典绘画研究——结构写生——当代绘画研究——意象写生——史论讲座——结业创作。

一年的进修学习，时间是短暂的，没有一个好的教学思路，混混而过，就会像“过水的猪肉”，半生不熟，吃又吃不得，放又放不得。见几个“名家”，拍几张照片，扛一块牌子，原来怎么画，回去还怎么画，不亦呜呼哀哉？

一、中国画入门

中国画的学习，第一口奶至关重要，所谓“取法乎上”即是这个道理。《芥子园画谱》是一本好书，虽然有笔无墨，它还是一本不可替代的入门工具，其后出版的“画谱”大都照猫画虎，不能望其项背。今日市场上泛滥的技法类图书，大都粗糙肤浅，没有真正的理解传统，承接传统。

《芥子园画谱》是集大成的工具书，在章法、意蕴、结构、敷色诸方面都有详尽的解释。大家不可只看图，不读文。越来越多的画匠大都是“只埋头作画，不埋头读书”的缘故。我们对《芥子园画谱》的临习要求主要有二点：一是读，读画，读文，在读的过程中切入中国画学习的正脉。二是临摹，抓住简单而有特点的一块石头、一棵树去临摹研究。具体的从提、按、顿、挫，轻、重、徐、疾，起、承、转、合，以及中锋、侧锋与绞转的变化，着重解决点线的形质问题，在把握的过程中，努力理解中国画笔墨的丰富内涵，努力联想“高韵、深情、坚质、浩气”的笔形与笔性。

时间：一周。重点：解决笔形与笔性的关系。

二、书法篆刻学习

学习书法和篆刻，并放在中国画教学的前面，有好多人不理解。其实，这还是第一口奶的问题。书法的学习与研究是中国画母性的根的问题，理解并把握了书法，对中国画而言是一个质的飞跃。相反，如果把书法的研究与学习放在后面，有好多的例子可以证明，好多的画家写不好书法，任凭中年以后如何的去努力，都无法写好书法，而被冠以“画家字”，更免谈以书入画。这其中的缘由便是“先入为主”。所以，先书后画是一条正路。

我们的书法篆刻学习，不是如何的教大家成为书法家、篆刻家。我们是教大家如何的在书法中取得良好的书写感觉、良好的点线形质、良好的笔墨意蕴。在篆刻中更应该体会良好的空间意识与中国画良好的黑白关系。以书法为杠杆，推动中国画健康有序的向前发展。

时顺上我们选择了大篆、小篆、隶书、简牍、魏碑、行草、篆刻这么一条路子。由古入今，由放到收，由大而小，由拙入巧，先奇崛后平正，让大家在自由自在的状态下进入书学的最高境界。努力的把点画的形质关系兼融于点画的意蕴关系，努力的在“一画”之中、点线之中体会与把握“高韵、深情、坚质、浩气”的书法真谛。

在范本中我选择了《散氏盘》、《吴均与朱元思书贴》、《曹全碑》、《张迁碑》、《爨宝子》、《武威汉简》、《魏碑》、《王羲之姨母帖》、《圣教序》以及怀素、黄庭坚、赵之谦为局部练习。，这些范本在大的意象与法度上基本涵盖了中国书法的体系，使大家在相对短促的时间内，较为系统的理顺与把握中国书法的正脉。第一口奶“取法乎上”，在今后的书画学习与创作上将会步入一个康庄大道。

篆刻以玺印和汉印为宗，选择临摹。重在上手，体会笔法与刀法的转化关系，体会“计白当黑”的空间关系。

时间：书法2周，篆刻1周。重点：在技法上着重体会执笔、运笔以及轻重徐疾、提按转折与每一个范本点线形质的关系；在意蕴上着重体会与把握每一个范本不同形质所表示的不同内涵。在形质上抓住，在意蕴上理解，使“技”与“道”双修。

三、古典绘画研究

学习中国画，借鉴是唯一的入门方式，只有借鉴才能了解与把握中国画的传统，才有可能从继承中得到发展。不继承、不借鉴，直接利用毛笔、水墨、宣纸去“创作”，无论你才华多大，哪怕你是其他画种的大师，也无法用中国画的语言去完成一件作品。

中国画有其独到的三大构成关系，独立于世界艺术之林。其一，语言关系——笔墨。笔墨不只是一种绘画工具、材料，它是集造形与意蕴二者合一的人文状态，是中国画性命攸关的问题；其二，形式关系——构图。中国画在形制与构图上有自己独特的空

大乐—海殇2　240cm×62cm　2010年

间意识，有实相，有虚相，有有无相，可以计白当黑，可以春夏秋冬出现在同一个画面上，可以画外有画，咫尺而有千里之遥；其三，意蕴关系——意境。意境是中国画的灵魂，所谓苍茫、雄浑、博大、空灵、秀美，所谓卓绝、孤寂、苍凉、悠远等等，这些都是中国画所必须承载的诗意与哲思。所以，中国画在修习技法的同时，必须时刻强调画以外自身的修为。

古典绘画的研究，一定是站在历史的高度，俯视的来观察研究，才不会被迷惑、被淹没，才能清晰的找到脉络，发现其大的艺术规律。山水画我们选择了《溪山行旅图》、《万壑松风图》、《庐山高》、《青卞隐居图》，并重点推出了王石谷的《溪山红树图》为临摹范本；花鸟画我们选择了陈白阳、八大山人、任伯年、吴昌硕以及当代王晋元的作品为范本。在较短的时间内为大家把持一条中国古典绘画的"正脉"，让大家从真正意义上切入中国画的传统，得到写意精神的真传，是谓难得，是谓取法乎上。

时间：6周。重点：1、从精微处剖析笔墨语言的塑造关系并把握；2、从宏观上理解中国画玄冥幽深的美学意蕴并探寻形式发展的规律。

四、生活写生

清华大学中国画高级研修班创意性的将写生分成了两大部分。1、秋季写生。秋天，我们去太行山，找那些结构圆浑、纹理丰富的大石头、小岩壁去观照写生。强调观察，让大家用心、用手去触摸山石的结构。体会方圆之间的关系，体会纹理与皴法的关系，体会中锋、侧锋与山石结构变化的关系，体会大小、虚实、疏密之间的节奏关系。"以大观小"，发现并把握山石的结构规律，同时，努力的将这些"规律"转化成"笔墨语言"，是结构写生的最终目的（这种结构与语言的转换，很可能产生自己独立的艺术风格）。2、春季写生。春天，万木葱茸，山石被厚厚的覆盖。如何的去表现状物？往往的是只见草木不见山，肉多骨少，不见间架结构与骨法。画易平，易软，易俗。我们经过秋天的结构写生，得到了一种"结构"，利用中国画"以大观小"的理论，我们就可以复制、转换，给肉多骨少的南派山水植入一种骨法，得到一种脉象。再覆一树木，点缀小桥、流水、人家，便组成了一幅秀美的江南山水。

意象写生必需在传统临摹、结构写生的基础上方有可能进入，而且，我们将写生渐次的归纳了这么四个过程，呈阶梯状递进：

结构写生；2、局部写生；3、整体写生；4、意象写生。

山水与花鸟与人物同样需要结构写生，同样具有实际的物象结构规律。如何的把握这种结构关系，如何的把这种实际物象的结构关系转化为笔墨的结构关系，是结构写生的目的；局部写生是在结构写生的基础上以“以大观小”的方法，将局部的物象结构扩大化，得山川之形、得山川之质；整体写生是在把握结构、熟知笔墨的条件下，以“散点透视”的观察方法，有取有舍的组织画面；意象写生是抓住客观物象的主要特征，去形存神，以情感为主导，以笔墨为载体进入一种“天人合一”主客观的实在，既写实又写意，由景入境，是谓写生的最高境界。

时间：结构写生5周，局部写生5天，整体写生5天，意象写生5天。重点：抓结构，识笔墨。懂取舍，会经营。

五、当代绘画研究

“笔墨当随时代”，这是石涛在300多年前说的，时代变了，境遇变了，人们的思想观念，物质与精神的诉求也发生了根本的改变，再拿古人说事，再用古人的语言、形式、意蕴，一成不变的来描绘所谓“后现代”的今天，真正的是痴人说梦。临摹，只是一个借鉴传统的手段。不是自己的谓之“借”，用过之后要还；“鉴”，是一面镜子，它反映的是你自己，是今天如火如荼的生命历程。

上学期我们对传统绘画做了深入细致的研究，下学期，在创作之前我们还要安排大家对当代艺术进行研究，从中发现当代艺术与传统绘画之间的关联。参观中国美术馆、中央美院、中国国家画院、北京画院、798艺术区、宋庄艺术区，这些艺术展区有许许多多形形色色的艺术品，还有各种画集，包括全国展在内的各种画集，我们利用多媒体整体的看，局部的看，并将他们置于艺术的历史长河中，将经典的传统绘画作一面镜子，进行比对、分析，就会清晰的发现当代艺术发展了多少、倒退了多少，走偏了多少。就全国美展而言，我们发现当代艺术家的审美取向逐渐走入了一种功利性、工艺性的误区。大部分作品失缺了中国传统绘画的人

大乐—海殇3　240cm×62cm　2010年

文精神，只是徒得“形似”。相反，我们看到某些油画家、水粉画家正在借鉴中国画的语言，使作品在不失本真的情况下在精神层面向前推进了一步。“现代水墨”的部分智慧型画家，亦开始回归传统，在构成的理念中巧妙的融进笔墨、融进中国画的空间意识。黄宾虹是通向传统与现代的桥梁，抑或是一只通向传统与现代艺术的航母。只要你走进去，怀着虔诚而敬畏的心境，浸染一段时间，走向传统亦可，走向现代亦可，都将是康庄大道。无论山水、人物、花鸟，大凡艺术范畴，都将受益无穷。妙处如白石先生所云：“学我者生，似我者死。”

黄宾虹、齐白石、潘天寿、陆俨少、贾又福、王镛、王晋元等等，我们都以个案来研究。

在传统绘画的研究上，我们注重笔墨与意蕴的借鉴与学习；在当代绘画的研究上，我们注重新语言与形式的借鉴与学习。

时间：4周。重点：注意在借鉴中转换，把传统的笔墨、形式转化到现代；把现代的笔墨、形式转化到自我。

六、创作

创作是一种独立的艺术劳动，非独立的想象、独立的构思、独立的语境、独立的形式不可以称为创作。创作是不可言传的，全凭自己的才思与艺术积淀。教师，只是一个引路人，开一扇窗，一扇门，让学生进入艺术的王国，具体干什么，是他们自己的事。尽早的帮助大家设定一个理想的目标，取法乎上；尽早的帮助大家在语言、形式、意蕴上建立自己的品评标准，是一个当老师的责任。在此基础上，大家可以进入一个创作的过程。

相对于中国画的创作，我提出了以下十个问题，可以帮助大家正确的切入中国画的创作与学习。

问题之一：笔墨。笔墨是中国画以文载道的表现手段，并不仅仅是绘画技巧。这一点好多人或不知，或不会用，会用了又没文化关怀。文化的缺失是笔墨无法得以理解、无法得以传承的“硬伤”。什么是笔墨呢？清人刘熙载有云：“高韵、深情、坚质、浩气，缺一不可以为书。”书者，心画也。若不懂笔墨，何谈以文载道，中国画又有何内涵之说？

问题之二：气韵。“气韵生动”不只是南齐谢赫的六法之一，大凡中国之艺术，中国之文学、武术、医学，都离不开“气韵”。“气韵生动”亦不只是一个文学概念，它已然是中国人的一种生存理念。所以说，中国画是人文的，是科学。五代荆浩提出笔有四势曰：筋、气、骨、肉。而“气韵”来于笔墨，笔墨来于学养，来于人格，来于作者感时悯天的浪漫情怀。所以有“人格不高，画格难求其高”之说。

问题之三：气势。“势”是一种画面关系，更是一种修为，没有“势”就不会有“气韵生动”。“势”有两种：一是画面结构之势（造险）；二是笔墨运动之势（气韵生动）。中国画是鲜活的、“形而上”的，“势”是扑面而来的第一印象，或险绝、或敦厚、或野逸、或俊秀，无论山水、人物、花鸟，皆是一种圆融的开合关系，绵绵不绝，生生不息。

问题之四：境。中国画之境，远非自然之景或西画之景。若画家不明事理，误入景区，越描越像，越像越描，离中国画的本真意义越来越远。殊不知“境生于象外”，“境由心造”之理。石涛有“名山许游未许画，画必似之山必怪”的警句，画家当深悟。

问题之五：写。“写”是中国画最为本真的母体语言。“写”有两种解释：其一是从于心，为真性情的自然流露；二是游于艺，是“技进乎道”的诠释，讲求点线的形质，努力做到“高韵、深情、坚质、浩气”，将一己的才情、学养、修为，通过“写”传移到笔墨中去。

问题之六：散。散与紧是相对应的关系，只有散画面才会松，松则虚，虚则纳物，纳物则丰富而隽永。现在的中国画走向了两个极端，一个是普及性的“大写意”，胡涂乱抹，自欺欺人；二是做作之风，求大、求满、求全、求实，不是求艺，而是在比工夫，比谁下的力气大，不知也不会顾及中国画的真谛——体“道”。

问题之七：玄虚。什么是道？老子说：“道之为物，唯恍唯惚。惚兮恍兮，其中有象；恍兮惚兮其中有物。窈兮冥兮，其中有精；其精甚真，其中有信。”这种惚兮恍兮的神秘，正是中国画愈藏愈深的精神境界。郑板桥“难得糊涂”亦正是画面玄虚的地方。

问题之八，形。“形”是中国画独有的物象塑造方法，远不是西画之“型”，所以，画得越精细，描摹得越像，离中国画本真的意义就越远。“形而上者”，谓指精神层面的物象关系，是源于自然而升华于心中的“意象”，并不以实际物象关系为准绳，而是以符合心、眼、手的需求为标准。“妙在似与不似之间也”。

问题之九：大写意。“写意”是一个文学概念，从来就不是一个画种。中国画之所以引用“写意”一词，概因其言简意赅，以少少许胜许许多之意。“简”是简约，而不是简单。简是“以一治万”，繁是“以万治一”。石涛“一画”之说即是大写意最好的诠释。意笔、工笔、白描、重彩，都可以写意，同样都要讲究笔法，讲究墨法，讲究形而上的美学意蕴。胡涂乱抹可称其为简笔画，却不是写意。

问题之十：空白。空白是中国画特有的心理空间，亦是画面呼吸的必然所在。没有了空白，中国画就缺失了玄妙的想象空间；没有了空白，中国画的“气”和“势”将不复存在。空白是中国画人文的想象空间。

时间：8周。重点：在不失中国画意蕴的前提下，强调个性的发挥与形式的创造。

其它、史论讲座

史论讲座是中国画高研班不可或缺的项目，主讲教师要讲，而且是系统的讲、分科讲，从大的方面讲，从小的方面讲。又要讲具体的技法，又要上升到精神层面去讲意蕴的问题、观念的问题，这样大家才能知道“为什么”。其他专家教授以及邀请的著名书画家不定期的前来举办讲座，给大家开阔眼界，打开新的思路，也是不可缺少的。在前四届的教学中，我们先后聘请了王明明、史国良、杜大恺、刘巨德、王玉良、张志民、张立辰、李燕、刘彦湖、申伟、金纳、李波、郭志光以及篆刻家王瑞、苏东河先生给大家讲座和示范，让大家从不同侧面接受中国文化的蒙养。当然，清华园内的其他各类讲座，凡是相关艺术的、文化的、美学的、哲学的，包括一些音乐方面的，我们都鼓励安排大家旁听。

中国画的研修是一辈子的事情，一年，也就是理顺一下，点拨一下，走上一条正路。路漫漫其修远兮，大家共勉。

刘怀勇　2010-6-29于清华园

大乐—海殇4　240cm×62cm　2010年

《福海寿山图》 纸本，水墨设色，高248厘米，宽1290厘米。

主题意蕴：

《福海寿山图》虽然以山水画的形式为载体，但它却并不依某一山、某一水为指向，而是从于心，取意于“福如东海长流水，寿比南山不老松”。南唐宗炳高屋建瓴的提出山水画应“以形媚道”，清代具有划时代意义的大画家石涛也说过“借笔墨图写天地万物而陶泳乎我也”。此图力求以“中庸”的思想，追求平和、礼让、尊崇，在“境”的营造上，则大胆融入道家的思想，以泰山为意象，打造宝峰的威严、雄浑与博大，以松柏为长青，以海河为福泽，以山茗为亘古久远。山势连绵，起伏不断，溪水跌荡，海河相连，近可观群松如蛟龙探海，远可见绿树红瓦间炊烟袅袅。

大气象，大意境，大笔墨，大构图，功夫在画外，只有具备深厚的文化素养，不断完善自我美学体系的人，才会有不同于古人，不同于今人，而又暗合于古今的作品问世，刘怀勇老师的《福海寿山图》就具备了这些品质。

作品形式：

《福海寿山图》为巨幅中国画创作，在形式上不但能与主题思想相统一，还能独出机杼。1、作品采用通屏形式，共分10幅，将冗长的横式结构打破，每幅之间加一条白线，既分又合，使之丰富而具有装饰感。2、“十”在中国民俗文化中代表圆满的意思，“福海寿山”非10条屏不可以圆满。3、便于收藏，便于携带。4、在画面统一的大形式中，利用虚实、浓淡、疏密、繁简、燥润以及黑白灰、点线面创造画面的节奏，使所有的具体物象转化为

笔墨意象，以意化气，以气使笔，笔走墨化，随着大音希声的旋律而纵横驰骋，或急如战鼓催进，或退若鸣金收兵，动若脱兔，静如处子。一切的物象，化作虚实的点画，集结成一部浩大的山水交响。山在起伏，树在拥抱，浪花在欢跳，巨浪在咆哮，一切一切，全都统摄在主峰的脉象里。大小、参差、呼应、顾盼，这些是山水交响的节奏，而整体的起、承、转、合则是山水交响的主旋律。节奏与旋律是音乐的生命，就中国画而言，则是气韵生动的所在，也是形式的设计所在。

语言结构：

语言是艺术作品最小的组合关系，它关乎着作品的风格、流派、品质，是画面最耐人寻味的地方。换言之，语言是作品最为本质的生命意义。

《福海寿山图》整体意蕴是传统的，那么语言的表述也一定是传统的，使之统一、和谐。该作以石涛“一画”理论为宗，强化书写精神，将“浓淡干湿、皴擦点染、提按顿挫、轻重徐疾”转化为“积、揉、破、泼”，在黑白灰、点线面的经营中彰显了独立的语言风格。既不失传统，又颇具现代意识，真正意义上实践了“在继承中发展，在发展中继承”的教学理念。

“积、揉、破、泼”，是继黄宾虹先生“平、圆、留、重、变”、“浓、淡、破、积、泼、焦、宿”之后又一新的笔墨语言体系。“积、破、泼”是墨法，“揉”是笔法，也是墨法。“一波三折、浓淡干湿、皴擦点染、提按顿挫、轻重徐疾”尽在一“揉”之间。“揉”是至关重要的法门，揉则合，合则化，化则通道矣。

以一治万，以“揉”化万法，是刘怀勇教授的独家法门，大家嬉言：“太极揉指法”。

刘怀勇教授课堂语录

◇ 天分高，后天勤，学养厚，人格正。是我评判一个画家的四项基本条件。

◇ 正大、圆融、深邃、自然。是我的美学追求，亦是我渐趋成熟的美学体系。

◇ 扬长补短，"技"与"道"双修。是我的教学方法，亦是我的学习方法。

◇ 中国画的教学，最忌停滞在单一"技"的层面，尤其单打一的小狗、小猫，梅花、牡丹、大虾之类，束人思想与手脚，误人子弟。正确的教学方法应该是启发式的"开智慧之门"，并不拘于某家某派，以大的艺术规律为导向，着重于语言与形式的分析，着重于"技"与"道"的双修，着重于观念与时代的同步。一以贯之，触类旁通，从真正意义上进入中国画玄冥而幽深的堂奥之境。

◇ 中国画比功夫，不论天、不论年，比课时、比"费纸三千"的韧性。悟性再好，没有一千张画作底，很难登堂入室。

◇ 我们搞局部临摹，要解决两个问题：一是物象的结构关系；二是笔墨的结构关系。这两种关系，就是中国画的语言。

◇ 用墨之道，要先洗净毛笔，然后在笔尖蘸浓墨。落笔之后，要一笔用尽，画完。要学会在纸上调锋，在纸上调色，在纸上调墨。

◇ "技进乎道"，"书写"永远是中国画的生命。

◇ 写生，不只是"采风"，而是灵与肉的亲和。

◇ 毛笔不能当拖把用。用笔一定要有轻重提按，要一波三折，要表现圆融。不要画"徒手线"。只要毛笔落在纸上，就得落笔成形、落墨成趣，笔墨成章。无此三者，"下笔有神"是达不到的。

◇ 中国画讲究书写性，即上一笔与下一笔之间是有"联觉"的。笔墨的提按转折与结构有关系。

◇ 大写意同样需要细腻，在点线的形质上要求更高。大胆，果决，到位。

◇ 险绝的笔墨气象可以营造一个相对独立的视觉空间。

◇ 中国画的用笔像老牛耕地，把底土翻出来，沉着有力。点、线要力透纸背，斩钉截铁，做到入木三分，笔能扛鼎。要注意点、线的形质。

◇ 用笔之道，要干而不燥，湿而不滞，宜快中求慢，所谓书法用笔，莫不如此。轻重徐疾，提按顿挫，干湿燥润，融千笔万笔于一笔，此中国画"一笔画"是也。

◇ 不管用色用墨，只要是写意画，一定要有"浓淡干湿"四个字。

◇ 既分又合的八种笔墨关系是：皴擦点染，干湿浓淡。

◇ 用笔一定要有提按。光滑的东西帅气，但漂浮；毛的东西则气古而味厚。只毛不爽也不行，要有对比。

◇ 没有对比，就没有画面。

陶公诗意　49cm×46cm　2011年

茶禅一味　49cm×46cm　2011年

◇ 用笔要做到：毛而不散，干而不燥，湿而不烂，快而不滑，慢而不滞。

◇ 中国画每一笔都要留白。它不讲究立体感，不讲究光，讲究心里空间的“厚”。

◇ 尖、圆、齐、健，是毛笔的四德亦是毛笔的四大功用。只取其一，身单力薄。合而用之，其妙无穷。

◇ 笔落在纸上，哪怕是一横，一点，都有一个起、承、转、合的关系，都是一个生命的“完成式”。

◇ 虽用枯笔，力是要送到底的。做到有形、有性。

◇ 单线是轮廓，复线是结构。轮廓是为结构服务的。轮廓线不宜画的太长，不要先把轮廓画好了，再往里面填东西。要从内里向外画，“先填馅，后包皮”，从里面画起，最后勾线。

◇ 中国画的线是有生命的线，是鲜活的。把它画出生命意味来了，才是高级的。

◇ 石涛讲的“一笔画”，从浓到淡，从干到湿，其气息是相连的。

◇ 纤细是种毛病。纤细会弱。再细，也要绵劲有力。再细也要有提按。

◇ 曲线才能产生美。曲中求直，是中国画的辩证美学。

◇ 山水画的上色至少三遍，即厚又透明是为得法。用色之妙，宜随调随用。

◇ 借鉴。 我只借你的镜子，但反照自我。借鉴可以，但不要丢失自我。

◇ 你自己要尽早设定一个“核”（主功专业），以核为圆心，以认知为半径，圈定自己的学习范围，努力使这个核不断壮大。

◇ 你自己要尽早设定一个“点”（生活），以点为支撑，以专业为杠杆，努力使这个点不断牢固、增高，同时延伸你的专业杠杆。

◇ 你自己要尽早设订一个“风格”（审美取向），以“风格”为灯塔，以借鉴与思辨为途径，渐习渐深，不断修正，努力使这个“风格”走向成熟。

◇ 中国画家靠的是修为。文人画是“养”出来的，“玩”出来的，不是“造”出来的。

◇ “形”有两个概念，一是物象之“形”，二是点线之“形”。

◇ “笔墨”只有在“跳”的过程中才会有节奏感。相近则“平”，去远则“花”。妙在隔步之间也。

◇ 浑不能厚则脏。笔墨之道妙在一个“揉”字，皴、擦、点、染，浓、淡、干、湿，如同巧妇圈面，非“揉”不能“细劲”，故又有“和面”之谓。

◇ 有意味，有形式，有虚实，有浓淡，有人意想不到的意蕴，堪称画意。

◇ 融不进画面的东西，不管是什么，有多么好，都是多余的。

◇ 焦墨是救画的，不得已而为之。

◇ 老汤是“通气”的，是没有办法的办法。

◇ 创作，最难能可贵的是个性的张扬。个性建立在共性的基础之上。

◇ 创作，是一种不可重复的艺术劳动。

◇ 一个真正意义上的中国画大家，必须具备天纵的才情和后天持之以恒的努力学习，而且是“技”与“道”全方位的修为，二者合一，得天独厚，方可能进入一种理想的高境地。

笔墨的形质与实际物象的塑造相统一。

以东方美学为品评标准，以笔墨为主要表现手法的具有生命意味的绘画形式

大福禄　49cm×46cm　2011年

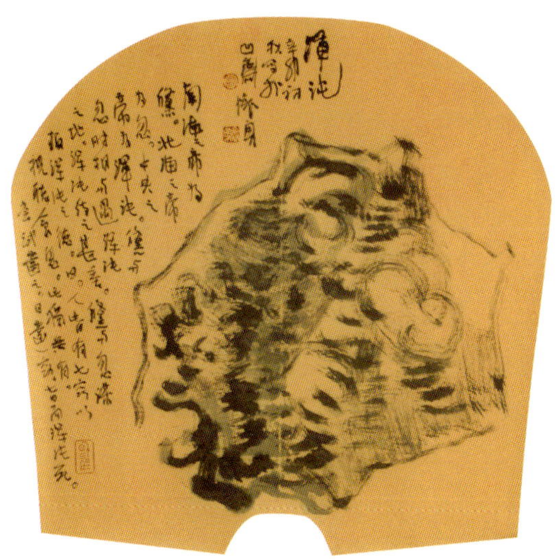

混沌　49cm×46cm　2011年

任 之

任之，1956 年生于北京，师从中央美术学院教授张立辰先生，毕业于中央美术学院写意高研班。现为中国美术家协会会员、民革中央画院专职画家、文化部中国国际书画艺术研究会创作基地教授。

作品荣获：2004 年《第二届全国少数民族美术作品展》优秀奖、2005 年《全国首届青年书画学术邀请展》学术奖、2005 年《第十二届当代中国花鸟画邀请展》银奖、2006 年《第十三届当代中国花鸟画邀请展》金奖、2006 年《全国中国画提名展》优秀奖、2007 年《第三届全国中国画展》优秀奖、2007 年《庆祝内蒙古自治区成立六十周年——全国首届草原情中国画作品提名展》优秀奖、2007 年《第二届中国（湘潭）齐白石国际文化艺术节"齐白石奖"中国画书法作品展》优秀奖、2008 年《第四届亚洲新意美术交流展》优秀奖。

作品个展：2000 年在北京汲古阁举办《任之画展》；2006 年在山东烟台中投艺术中心举办《任之画展》；2008 年在山东青岛张立辰艺术馆、潍坊中百美术馆举办《任之大写意花鸟画展》；2010 年在山东烟台美术博物馆、龙口画院展览馆、招远展览馆、青岛美术馆举办《任之大写意花鸟画巡回展》，同年在大连艺术馆、山东安丘艺雅美术馆举办《任之画展》，并在日本、瑞士、美国举办画展，曾获美国洛衫矶市长颁发的荣誉证书。录制发行《任之教学》VCD 光盘四部，出版个人画集专辑二十余部。

鸡冠花 180cm×90cm 2010年

天香国色 70cm×26cm

联系电话：18901133013 15901492044

芭蕉山禽　100cm×50cm

刘继红

刘继红　法名觉宏，1955 年生，安徽阜阳市人，毕业于安徽阜阳师范学院美术系，1997-2000 年就读于中央民族大学美术学院研究生班。国家一级美术师，中国美术家协会会员，北京汉唐华夏美术馆馆长，清华大学中国画高研班客座教授。

清凉世界　136cm × 68cm

十里花香　136cm × 68cm

晴峰半雪残　68cm × 68cm

李 锛

李锛，重庆人，毕业于四川美院附中，西南大学美术学院。

曾为西南大学美术学院、海南大学艺术学院中国画教授。现为清华大学中国画高研班聘用教授、中国艺术研究院冯远工作室成员、中国美协会员、中国美协97百杰画家、省文联委员、美协理事、国家优秀专家、终生享受政府津贴。

美术作品多次入选中国美协举办的大展、专题、邀请展。

曾应邀在法国、俄罗斯、越南举办个人画展

出版个人画集和专著有：

《百杰画家——李锛》《李锛水墨新作》

《西苑宝鉴》《让感觉说话》

《水墨沉思》《大凉山写生集》等八种。

京戏人物 68cm×23cm 2008年

戏曲人物　138cm×97cm

谭崇正

谭崇正，1968年生于湖北省阳新县。1994年毕业于湖北美术学院，现为湖北师范学院美术学院教授，硕士生导师，中国美术家协会会员。中国民主促进会会员，黄石市政协委员，同舟行书画院副院长。

作品曾获"2004年全国中国画展"铜奖、"第二届全国人物画展"铜奖、"纪念抗日战争60周年全国中国画展"优秀奖、"第二届全国少数民族美术作品展"纪念奖、"全国美术院校青年教师国画作品展"提名奖、"第四、五届中国美协会员精品展"优秀奖等多种奖项。作品入选中国美术家协会主办的"第十届全国美术作品展"、"第十五次新人新作展"、"中国当代花鸟画艺术大展"、"中国风情——当代中国画展"、"第六、七届全国体育美展"、"第十六届国际造型艺术家协会代表大会 美术特展"、"2005年中国中青年艺术家精品展"、等国家级展览30余次。

多幅作品被海内外艺术机构和收藏家收藏。

出版有《谭崇正水墨画集》、《当代中国画名家作品集——谭崇正》等个人画集8部。

果熟图 120cm×68cm 2011年

感悟水墨

■ 谭崇正

传统水墨在男耕女织的农业文明中诞生、成长，形成体系，是东方绘画的代表。但历史发展到了现代工业社会、信息时代，在全球经济一体化的大环境下，传统水墨的表现话语不可避免地受到了巨大冲击，在二十世纪中西两大绘画体系两次大碰撞的基础上，逐渐转成了新的水墨表现形态，主要有受西方现代艺术影响而产生的实验水墨，受西洋写实主义影响形成的学院水墨和由传统文人画演变而成的新文人水墨三种样式。每一种样式我都非常喜欢，而且都下过很大的功夫去研究和实践，也有过许多收获，但近几年有一个很大的难题一直困扰着我，这就是如何把三种样式结合起来，转换成一种更加完整的现代水墨形态。

我很清楚，水墨的现代转换不是用简单的拿来主义手法生搬硬套就可以完成的，因为实验水墨、学院水墨和新文人水墨之间有许多不可调和的矛盾。实验水墨虽有很强的视觉冲击力，但精神内涵较空洞，且不能体现出作画过程中用笔写的民族审美方式；学院水墨虽然造型严谨，技巧复杂，场面宏大，气氛热烈，经得起仔细推敲，已与传统中国画所描绘的高人雅士、神仙仕女等超然尘世、雅逸洒脱的审美情趣大相径庭，但很明显有些阳春白雪，非十年八载是修不成正果的，让人感到高不可攀；新文人水墨虽然有很好的民族基础，能博得大多数中国人的喝彩，也有很好的市场行情，但其实质也不过是让今人穿上古时的服饰，在日新月异的信息时代中，多少显得有些尴尬。

尽管如此，通过大量的水墨实践，我发现三种水墨样式还是有结合的空间的，经过几年辛苦而执著的彩墨创作后，我反而认为朴实单纯的东西更有力量，也最能感人，对“画道之中，水墨最为上”有了更加清晰的认识，所以近两年便义无反顾地“玩”起了纯水墨，且越画下去，越觉得痛快。虽然在造型上广泛汲取了西洋样式、传统样式和民间样式，但造型目前仍然是困扰着我的最大难题。运用一些实验水墨的画面构成样式，使我感到画面气氛比以前丰富了许多，但画面精神性的匮乏，又成为我表达真情实感的最大障碍，有时真是羡慕古人的平淡天真、自然天成。

我深知，带着浓烈的不满情绪去学习传统是任何一个大家都必须具备的最基本素质，但连最基本的形而下的“器”不解决，形而上的“道”又怎么能够体现出来？

一个画家，特别是个性鲜明的画家，在这个浮躁的年代里，经过一段时间的学习，在市场经济大气候的影响下，很快便会形成自己的风格，即目前美术界通常所说的“结壳”。“结壳”以后“出壳”就难了，黄宾虹先生在世时常说：“画家不要出脱太早，不能过早地形成自己的风格，你的风格一旦形成，再否定这个东西就难了。”而且，我更清醒地认识到，除了反叛传统之外，更重要的是要不断超越自己；虽然超越自己较为成熟的风格是最难的，但它却是攀登艺术高峰的必由之路。

2002年3月9日

银装　68cm×68cm　2006年　纸本水墨

薛伟东

薛伟东，男，1955 年生于山东寿光，军旅生活十余载。系中国书法家协会会员，济南市书协副秘书长，济南市宣传文化拔尖人才。

称号：
2002 获济南市十佳职工书法家称号；
2006 年获济南市宣传文化拔尖人才称号；
获奖：
2001、2002、2003 年连续获济南市书法一等奖；
2003 获中国书法培训中心成立十周年历届学员优秀作品展一等奖；
2003 获第二届全国行草书大展三等奖；
2003 获山东省“五一”文化奖二等奖；
2003 获纪念毛泽东同志诞辰 110 周年“东方红杯”中国书画大赛一等奖；
2003 获山东省“五一”文化奖二等奖；
2004 获纪念邓小平诞辰 100 周年暨庆祝建国 55 周年山东省党政干部书画大赛一等奖；
2004 获全国书法“五一”文化奖三等奖；
2004 获济南市书法创作贡献奖
2005 获山东省书法创作贡献奖；
2005 获《书法导报》国际书法大展三等奖；
2005 获全国首届公务员书法大赛三等奖；
2005 年获山东省第四届书法篆刻展一等奖；
2006 获《书法导报》国际书法大展金奖；
2005 获中央电视台举办的第二届汾酒杯全国电视书法大赛入围奖；
2006 年获山东省“五一文化”一等奖；
2006 年获“商鼎杯”全国书法大赛优秀奖；
2006 年获“经济导报”杯全国书法大赛铜奖；
2006 年入展第二届中国书法“兰亭奖”艺术奖；
2007 年获陶人葛杯福字书法大展优秀奖；
2007 获纪念毛泽东同志诞辰 114 周年全国书法大赛一等奖；
2007 年获第四届颜真卿故里全国书法大展优秀奖；
2008 年获纪念杨守敬诞辰 169 周年全国书法大赛优秀奖；
2008 年获第五届颜真卿故里书法大展优秀奖；
2009 年获“稼轩杯”全国书画大赛一等奖；
2009 年获“交通杯”全国书法篆刻大赛二等奖；
2009 年获中国（芮城）永乐宫第二届国际书画艺术节 书画百佳奖；
2009 年获山东省第五届书法篆刻展三等奖；

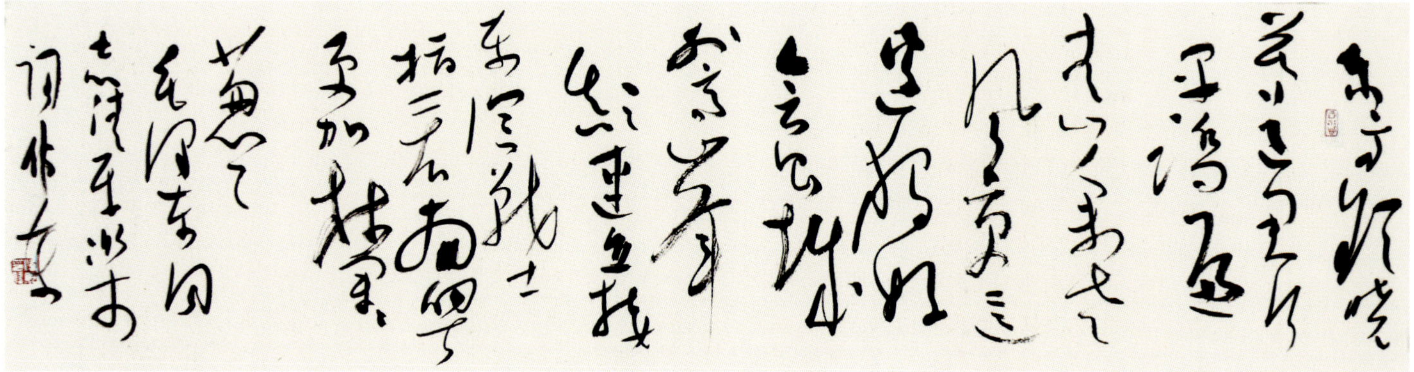

草书，毛泽东诗词 45cm × 180cm

2009 年获“自然人文中华情”书法长卷大赛优秀奖；
2010 年获第二届中国扇子书画艺术大展特等奖；
2010 年第三届“康有为奖”书法大展优秀奖。

入展：

1989 年入展山东省委宣传部主办的全省宣传干部书法大赛；
2004 入展纪念邓小平诞辰 100 周年全国书法大赛；
2004 入展首届“皖北煤电杯”全国书法大赛；
2004 入展首届林散之奖南京书法三年展；
2004 入展《书法导报》国际书法大赛；
2005 年参加全国获奖书法名家联展
2005 年参加“齐烟墨韵”8 人书法联展；
2006 年参加“书写体验”8 人联展；
2006 年参加全国中青年书法名家联展；
2006 年入展第一届“梁披云”杯全国书法大赛；
2006 年入展纪念红军长征胜利 70 周年全国书法大赛；
2007 年被《书法导报》聘为特聘书法家；
2007 年《书法导报》精英出场栏目刊登专版；
2007 年入选第二届性灵派书法作品展；
2007 年入展纪念傅山诞辰 400 周年书法艺术大赛；
2007 年入展《中华情》全国美术、书法大赛；
2007 年全国第九届书法篆刻作品展入选；
2008 年入展全国书法千人千作展；
2008 年入展全国首届书法册页展；
2008 年入展第四届全国书法百家精品展；
2008 入展纪念虞世南诞辰 1450 周年全国书法作品大赛；
2008 入展中国砚都杯”全国书法篆刻大赛；
2008 年入展第三届性灵派书法作品展；
2008 年入展“果欣杯”全国书法大赛；
2008 年入展首届“圆瑛杯”全国书画大赛；
2009 年 4 月济南市市直机关 10 人书法联展；
2009 年 4 月参加全国 50 人小品展；
2009 年入展第二届梁披云杯全国书法大展；
2009 年 12 月参加墨汛 莫名雅集五周年六人书画联展；
2010 年 5 月入展全国书法五百人展；
2010 年 5 月参加历下四庸小品展；
2010 年 8 月入展首届中国王羲之书法艺术（行草）大展；
2010 年 8 月入展中国（芮城）永乐宫第三届国际书画艺术大展；
2010 年 8 月入展中国（曲阜）国际孔子文化节书画大展；
2010 年 8 月第二届“观音山杯”全国书法艺术大展；
2010 年 8 月入选第三届“梁披云”杯全国书法大赛；
2010 年 8 月入展第二届东北亚国际书画摄影展。

专业报纸介绍

2007 年 3 月《书法导报》精英出场栏目专版介绍；
2009 年 3 月《书法报》“兰亭诸子”栏目通版介绍；
2009 年 10 月《羲之书画报》专版介绍。

地址：济南市济南市制锦市街 7 号
电话：13806411964　　邮编：250012

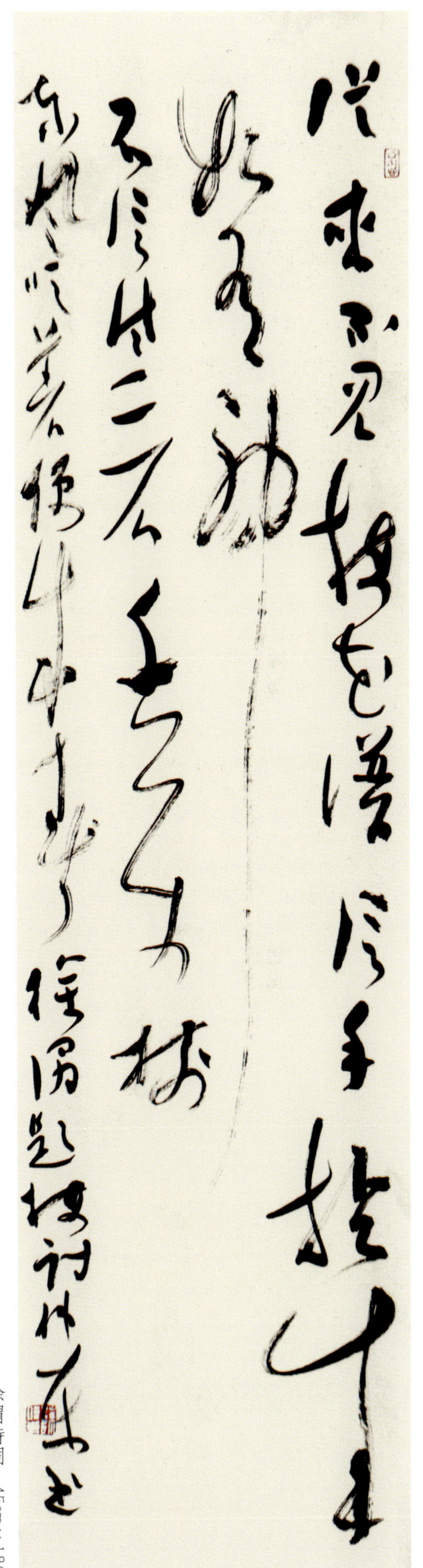

徐渭诗词　45cm×180cm

一 瓢

魏源，笔名一瓢，号心传居士，1970年生于山东滕州。2003年从师于刘怀勇教授。2006年进修于清华大学中国画高级研修班，2007年就读于中国国家画院范扬工作室。现为中国美术家协会会员、北京万葫堂美术馆副馆长、山东艺术设计学院国画系副教授。

粉彩山水 210cm×124cm

灵山图 210cm×80cm

秋山坐忘 50cm×210cm

于海龙

于海龙，1965年生于山东蓬莱，中国美术家协会会员。

作品《海潮之二》参加“第十一届全国美术作品展”；《立夏》参加“第三届全国中国画展”；《回音》参加“第六届中国体育美术作品展”；《硕果》参加“国庆60周年第五届中国美术家协会会员中国画精品展”等展览。

《香春头》在“第五届深圳国际水墨画双年展”“全国城市山水画展”；《潮落》在“2007年全国中国画展”；《追忆》在“纪念中国工农红军长征胜利70周年全国中国画展”；《金秋》、《深秋》在“风华正茂中国当代实力派画家提名展”等展览中均获优秀奖（最高奖）。

作品《韵》参加“2005年全国中国画作品展”；《桐香》参加“2006年全国中国画作品展”；《秋语》参加“全国第六届工笔画大展”；《立冬》参加“第七届全国工笔画大展”；《芦花飞处》参加“2008年全国中国画展”。

海潮之五　220cm × 140cm

海潮之二　180cm × 120cm

秋语 220cm×145cm

于 灏

于灏，别署无我，号牧云轩主人。1969年生于山东成武。先后毕业于菏泽师专和山东师范大学美术系。现为山东省美术家协会会员、曹州书画院画师、中国书画文化艺术家协会理事。 其作品先后获得庆祝澳门回归全国书画大展特别金奖，全国教师书画大赛中国画二等奖，入选中国画100家扇面精品展（集）等多项大展。2009年9月入清华大学中国画高级研修班，受业于刘怀勇教授，同年进入刘怀勇书画艺术工作室。北京万葫堂美术馆签约画家。

道可道 180cm×90cm

湖上 90cm×180cm

皖南山色　68cm × 68cm

大 丘

赵雪伟，1971年生于西安，95年毕业于西安美术学院国画系，2008年就读中国艺术研究院美术创作院，2009年受业于刘怀勇教授．现为川音绵阳艺术学院副教授，北京万葫堂美术馆副馆长，清华大学中国画高级研修班助教。

家园 210cm×145cm

空山禅韵　180cm×90cm

寿山福地　180cm×90cm

马前

马前，男。1985年出生，山东历城人。毕业于曲阜师范大学书法系，进修于中国书法院，后拜刘怀勇先生为师。擅书法，初习唐欧阳询《醴泉铭》，后对董其昌、傅山书法钟爱有加。艺术追求真性流露，洒脱自然。

古之善為道者微妙玄通深不可識夫惟不可識故強為之容豫兮若冬涉川猶兮若畏四鄰儼兮其若容渙兮若冰之將釋敦兮其若樸曠兮其若谷渾兮其若濁孰能濁以靜之徐清孰能安以動之徐生保此道者不欲盈夫惟不盈故能弊之而新成

道德經又名老子為春秋老子所著此經五千余言洋洋灑灑內容含蓋政治軍事哲學各方面堪稱中華之大乘 馬前書并記

楷书 180cm×60cm

行草 180cm×60cm

隶书 180cm×70cm

孔祥民

孔祥民，號大糊涂，山東曲阜市人。山東工藝美術學院畢業。1986年隨著名畫家陳我鴻先生學習山水畫。2004年受业于刘怀勇教授。2007年結業于清華大學中國畫高研班；2008年結業于中國美術家協會中國畫創造高研班。現為中國美術家協會會員；清华大学中国画高研班刘怀勇导师教学助理；泰山山水画研究院副院长。

雨晴图　136cm × 68cm

山水清气　136cm × 68cm

氤氲含翠 230cm×145cm

尹一峰

尹一峰，女，字铭蔓。1969年生，河北石家庄人。现为河北省美术家协会会员、石家庄市美术家协会理事。2009年结业于中国艺术研究院中国美术创作院研究生课程班。2010年作品入选“和谐燕赵，红色太行”中国山水画展。

山居图　120cm×68cm

黄土坡 68×68cm

老家 68×68cm

文新军

文星钧（原名：文新军），号小木匠，广西桂林人。国家二级美术师，中国少数民族美术促进会会员，广西美术家协会会员，桂林市美协理事，永福画院院长，桂林市第二届、第三届政协委员，2005年于广西艺术学院中国画研究生班毕业，师从黄格胜教授，2009年于清华大学中国画高级研修班结业，师从刘怀勇教授。2009年《南无阿弥陀佛》入选09全国中国画作品展、2010年《燕山画语》入选和谐太行全国中国画作品展、《云隐山村》入选全国山水画双年展。

南无阿弥陀佛　230cm×110cm

金秋图　210cm×180cm

花鸟四条屏　30cm × 180cm × 4

王汉民

王汉民，天趣斋主，毕业于中国书画函授大学国画系，研读于清华大学中国画高级研修班，导师为清华大学刘怀勇教授，现深造于中国国家画院张志民工作室（首届）。主攻山水和花鸟。曾出版《王汉民画集》、《画家王汉民》。现为北京市工商联企业家书画会常务副会长兼秘书长，中国文联书画艺术交流中心常务理事，文化部老艺术家书画会副秘书长，中国知识产权文化大使。

太行人家 180cm×90cm

春晓　180cm×90cm

王永芬

王永芬（子岍），毕业于山东师范大学美术系，受教于清华大学刘怀勇教授，现为山东省美术家协会会员，历城区青年美协副主席。

2008年作品《赶大集》系列之一入选“全国首届线描展”。

2008年作品《赶大集》系列之二入选“纪念中国改革开放三十周年——全国美术作品展”。

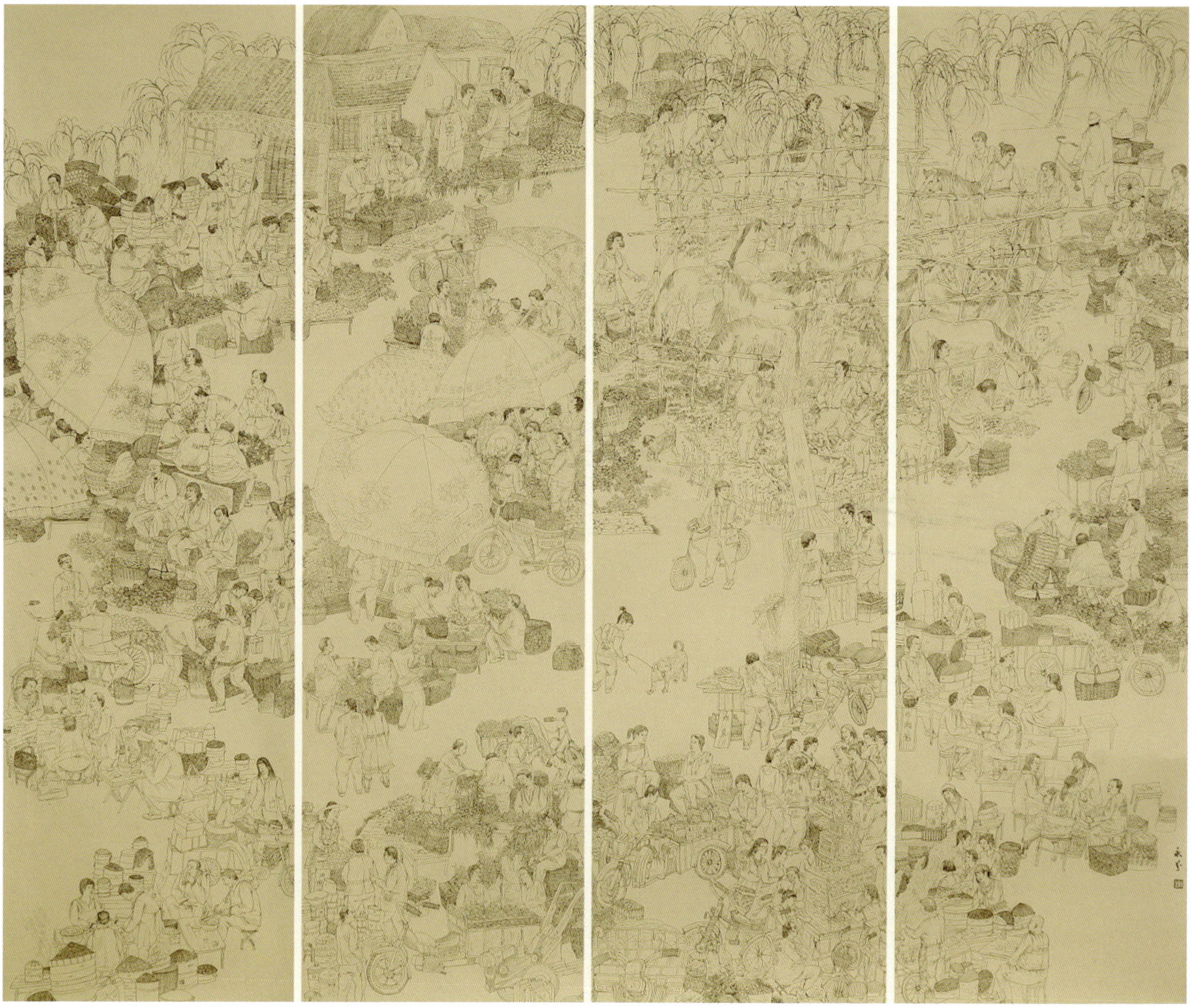

赶大集 180cm×230cm

北斗七星高　180cm×90cm

王 伟

王伟，号素纯，别署融斋、纯堂、匪石书屋。

1978年生于泉城，工篆刻书法。现为中国书法家协会会员、山东印社社员、稼轩印社秘书长。

作品入展2000年全国篆刻艺术展、2006年山东第二届篆刻艺术展、2008年全国第六届篆刻艺术展、2009年第三届中国书法兰亭奖尧山杯兰亭新人展、2010西泠印社第七届篆刻艺术评展。

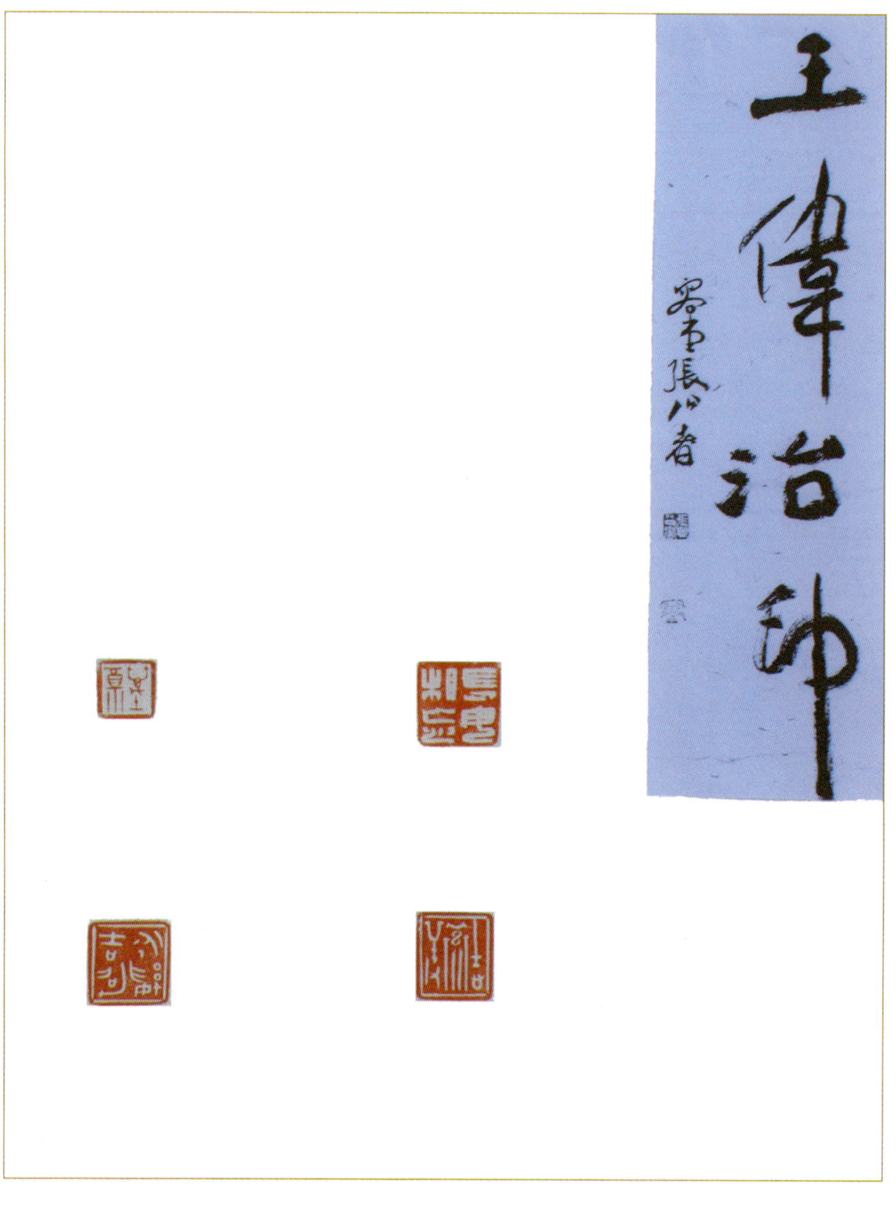

篆书 90cm×46cm

王亮

王亮，1953年生于山东莒南，记者、编辑，沂蒙山画院副院长，2010年就读于中国国家画院张志民工作室首届高研班，现进修于北京万葫堂美术馆刘怀勇工作室。

太行秋韵　180cm×90cm

山居图　180cm×90cm

王冠豪

王冠豪，1987 年出生，河南汝州人。

2008 年毕业于江西宜春学院。

江西省美术家协会会员。

2009 年就读于清华大学中国画高研班。

2008 年 6 月山水画作品《云山有居》在第五届江西省青年美术作品展中获优秀奖。

2008 年 12 月应邀为布置江西省农科院测试所创作巨幅山水画《井冈五指峰》。

2009 年作品刊登于中国文联出版社《当代中国画名家爱心作品集》。2010 作品载入中国文联出版社出版《上海世博会中国画名家收藏展》作品集。作品在《美术报》等刊登发表。现为刘怀勇书画艺术工作室、北京万荫堂美术馆专职画家。

藕香馆　136cm × 68cm

皖南意象　68cm × 68cm

王洪涛

王洪涛（红涛），1976 年生，河南禹州人。先后师从刘怀勇、黄格胜诸先生。2009—2010 年就读于清华大学中国画高研班。现为中国国家画院黄格胜工作室画家、河南省美术家协会会员、许昌市青年美协副主席、禹州市美术家协会副主席。2009 年 8 月于河南许昌博物馆举办个人画展，作品曾多次参加国家及省市大展并获奖。多幅作品载入大型画册并被纪念馆、单位、个人收藏，日本三重县电视台、许昌电视台、美术报、神州诗书画报、当代画坛、河南工人日报、许昌日报等媒体作过专题报道。出版有《王洪涛国画精品集》、《当代中国画名家王洪涛精品鉴赏》（请登录：王洪涛官网）

瀑近夜疑雨山深晴亦云　192cm×180cm　2011年

太行新曲 210cm×140cm

王 辉

王辉（慕白），别署子樗，1980 年出生于安徽省萧县，2009 年就读于清华大学中国画高级研修班，师从刘怀勇教授，作品多次在全国性大展上入选、获奖．现为安徽省美术家协会会员，北京万葫堂美术馆专职画家．出版有《王辉画选——草虫篇》。

无题　180cm × 90cm

写意花鸟 180cm×45cm×2

井文民

井文民（老井），山东济南人。师从刘怀勇教授。2006年结业于清华大学中国画高级研修班。现为北京万葫堂美术馆办公室主任、黄山画院副院长、中国当代写意画研究院签约画家。作品多次参加全国展览并获奖。

九江烟云　180cm × 90cm

太行深处 244cm×122cm

丘壑 180cm×93cm

田红霞

田红霞，字一禾，号半荷居主人，河南洛阳人。96年毕业于河南大学美术系国画专业，获学士学位，结业于清华大学中国画高级研修班，受教于刘怀勇、梅墨生、李燕、王玉良等教授，主攻人物、山水。2005年作品《丰收的红柿》入选第六届全国工笔画大展；2011年作品《草木之秋》入围2011年全国中国画大展。多幅作品被国家美术馆、国家交通部以及美国、日本等国书画爱好者收藏。洛阳电视台、《洛阳晚报》、《中国煤炭报》等多家新闻媒体做过专题报道。

积云图 90cm×180cm

无题 180cm×90cm

无题 180cm×90cm

田国卿

田国卿.1950年生于山东临沂。毕业于山东师范大学美术系，2007年深造于清华大学国画高级研修班。现为山东美术家协会会员、临沂市罗庄区美术家协会主席。

野山无语　180cm × 90cm

露华春晓　180cm×60cm

田海君

田海君（原名田召月），字文轩，田和堂斋主，中医世家，主任中医师，山东桓台人，先后毕业于山东中医药大学，山东理工大学，清华大学中国画高研班。自幼酷爱书画艺术，早年师从于希宁先生功习花鸟，后投刘怀勇教授门下，主攻山水，并有幸受教于刘大为、王玉良、胡宝利、杜大恺等名家，作品多次在全国及省市大展获奖，其中部分作品被国外友人收藏。

现任田和堂书画院院长，北京万葫堂美术馆高级画师，国家一级美术师，国际ISO9000A书画艺术家资格认证中心副主席，兼评审委员会委员，山东美术家协会会员。

金秋时节　136cm × 68cm

春晓　136cm×68cm

伍燕恒

伍燕恒，1981 年生于广西桂林永福，2009 年结业于桂林画院中国画高级研修班，2009 年就读于清华大学中国画高研班，受教于刘怀勇教授。2010 年作品入选中国山水画双年展，2011 作品入选全国中国画作品展。现为北京万葫堂美术馆专职画家。

家居翠壁 240cm×90cm

夏山清韵　90cm × 180cm

梵音　90cm × 180cm

刘东方

刘东方，男，1967 年 1 月生于济南。山东艺术设计学院客座教授，山东民进画院理事。作品曾获山东省“全景杯”书画大赛二等奖；入选《山东省第八届美术新人新作展》；获《山东省跨世纪中国画精品展》优秀奖；首届山东省中国画双年展银奖；参加山东省赴新疆等省美术作品巡回展；纪念孔子诞辰全国书画邀请展，纪念辛弃疾全国书画邀请展；入选第三届菜乡情全国百名画家邀请展，入选山东省首届花鸟画大展；获第十三、第十四届全国花鸟画邀请展优秀奖。2007 年在秦皇岛举办个人画展，于济南举办扇面艺术展；2008 年参加秦皇岛名家邀请展。

秋韵　90cm × 180cm

春雪　180cm×90cm

刘 旭

刘旭，笔名墨非，1984年生于山东济南，自幼随父亲刘怀勇学习书画。06年毕业于山东师范大学，拜著名书法家于明诠先生为师。2008年结业于中国艺术研究院首届中国画创作研究生课程班。2009年进修于清华大学中国画高研班，现任北京万葫堂美术馆副馆长、清华大学中国画高研班导师助理。作品多次在全国性大展上入选、获奖。

清气满乾坤　180cm × 90cm

高韵　240cm×50cm

雪浴九华 240cm×120cm

刘江川

刘江川，别署夼子，1965年生于山东滕州，供职于滕州市工人文化宫。2004年授业于著名画家刘怀勇教授，2008年就读于清华大学中国画高研班。作品《瑞雪九华》入选2009年全国中国画作品展。作品《太行一剑天》入围2010年“和谐燕赵，红色太行”全国中国画山水画作品展。现为国家二级美术师，山东美术家协会会员。

自然和谐之美 60cm×240cm

瑞雪九华　180cm×110cm

刘雅胜

刘雅胜，1967年生，河北省秦皇岛人。毕业于河北师范大学美术系油画专业。现就读于清华大学中国画高级研修班，师承于刘怀勇导师。

山水　180cm×90cm

山水　180cm×90cm

孙凤来

孙凤来，别署碧梧山馆主人、桐溪。1964年生。现为山东省书法家协会会员、山东省美术家协会会员、山东艺术设计学院特聘国画系副教授、中国水墨研究院院士。

2001年至2003年入南京艺术学院修习书法、中国山水画；

2004年至2006年考入山东大学攻读文字训诂与书法文化专业硕士研究生；

2006年至2007年考入清华大学首届中国画高研班师从刘怀勇先生修习山水画。

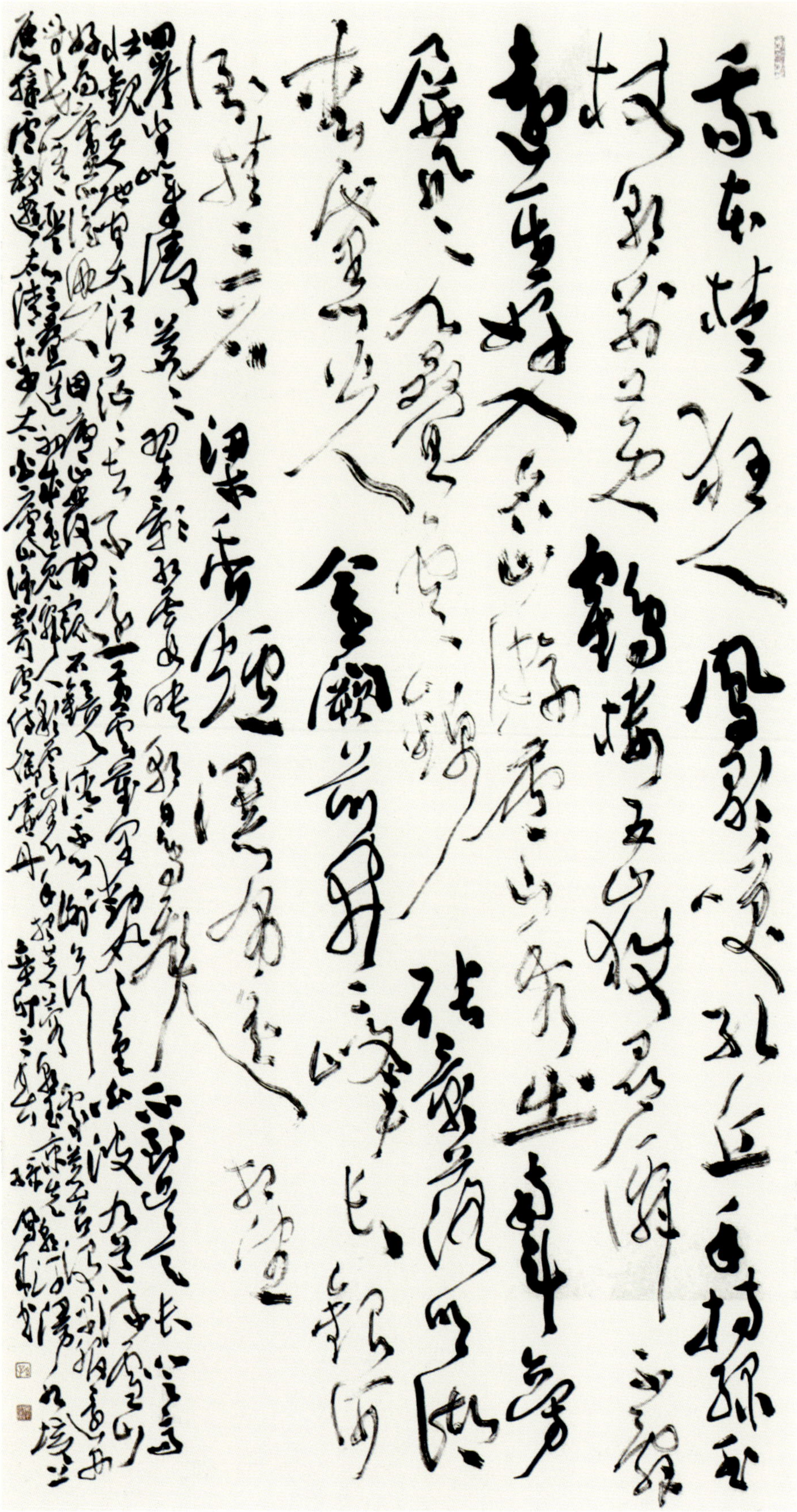

行草　180cm × 90cm

四月上泰山石平御道開
六龍過萬壑澗谷隨縈迴
馬跡繞碧峰於今滿青苔
飛流灑絕巘水急松聲哀
北眺崿嶂奇傾崖向

東摧洞門閉石扇地底興雲雷登高望蓬瀛想象金銀臺天門一長嘯萬里清風來玉女四五人飄颻下九垓含笑引素手遺我流霞杯稽首再拜之自愧非仙才曠然小宇宙棄世何悠哉

太白游泰山詩

楷书　180cm × 90cm

孙 龙

孙龙，字子源，别署听天阁主 1964年生于新疆。祖籍山东。

毕业于清华大学中国画高研班。现居北京。

师承：刘怀勇、王玉良、梅墨生、史国良、陈玉圃、金娜、李燕、丁雪峰、刘继红等教授。

中国美术家交流协会会员、国际注册高级职业经理人

现任：北京鉴藏书画院执行院长、吴东魁艺术馆签约画家、中国宋庄八杰网创始人

其作品被：清华大学、中电集团、部队机关、美术馆等机构收藏。

中国书画报、盛世收藏、鉴宝杂志、光明网、华讯网等刊载、传播。

天津人民美术出版社出版《中国当代国画名家孙龙作品集》

2010年12月传统与现代《当代华人水墨书法创作邀请展》

2010年5月《中华文化·和谐新疆北京名家书画展》

2011年1月第三届亚洲艺术博览会（国贸）八杰书画展

2011年1月《2011法国卢浮宫—首届中国当代画家联展》

2011年3月7日《苍龙图》由清华大学百年校庆组委会收藏

2011年4月21日 由五州传播中心，DMG国际传媒集团，《盛世收藏》栏目组制作卫视专题片《妙笔天成丹青韵 名士风采写深情——记当代著名国画家孙龙》全国二十三家卫视转播。

百度搜索：画家孙龙、宋庄八杰

大福禄 180cm×60cm

拟潘天寿笔意 240cm×90cm

庄乾梅

庄乾梅，中国美术家协会会员，中国水墨研究院院士，山东画院特聘画家，浙江钱塘书画研究社社员，北京国画院画家，北京国画艺术家协会花鸟画创作部主任。

山东临沂人，自幼酷爱绘画，得画家马世治先生指点专攻花鸟画。1993 年读于中国美术学院国画花鸟系，得朱颖人、卢坤峰、马其宽、闵学林等诸先生的亲传。2005 年就读于中国美协首届高级创研班，2008 年就读于中国艺术研究院中国画研究生课程班，现就读于中国国家画院沈鹏工作室。先后于中国美术学院、曹州书画院、周恩来故居、北京德泰书画院等地举办个展。

作品多次发表在《羲之书画报》、《美术报》、《中国科技报》、《中国联合商报》等报刊上，在《美术》、《美术论坛》、《美术界》、《中国书画收藏》、《华夏艺林》等书籍中专版刊载作品及介绍。并有十几幅作品被国家美术馆、人民大会堂、中国历史博物馆、上海东方美术馆、周恩来故居等机构收藏。

出版有《庄乾梅中国画集》、《当代著名画家经典丛书—庄乾梅》《中国绘画名家—庄乾梅》《当代书画研究—潘公凯、庄乾梅、霍春阳》

作品：

2005 年《蒙山三月》参加“2005 年全国中国画作品展”

2006 年《京都花事》获“黄河壶口赞”中国画提名展优秀奖

2006 年《惠风和畅》参加“纪念中国工农红军长征胜利 70 周年全国中国画作品展”

2006 年《春晖》参加“全国第六届工笔画大展”

2006 年《蒙山三月》参加“纪念中国美术大师李苦禅诞辰 100 周年中国画作品提名展”

2007 年《和风》获“中华母亲嫘祖颂全国书画大展”金奖

2007 年《芳树奇霞》参加“第三届全国中国画展”

2007 年《晓看红湿掠虫鸣》获“黎昌杯第五届青年中国画年展”铜奖

2007 年《秋韵》获“中华情”全国美术作品展优秀奖

2007 年《秋韵图》参加“纪念黄道周全国中国画提名展”

2008 年《天竺》参加“纪念改革开放三十周年全国中国画邀请展”

2009 年《秋韵图》参加庆祝建国六十周年第五届中国美协会员中国画精品展

2009 年《金秋之韵》入选庆祝新中国成立 60 周年全国书画名家作品邀请展

2010 年《正气歌》入选“毋忘国耻”鸦片战争一百七十周年全国书画作品展

写生感悟

■ 庄乾梅

南国风　180cm×90cm

每次外出写生，我都特别兴奋，这和画室完全是两个世界。

特别是去年秋天我和几个同学到张家界去写生，来到山里，映入眼帘的是一花一草、一山一石，就仿佛有秩序地融入了我的笔墨之中，让我的笔墨似乎又提升了一个层次。行止又行之中，我在不断地听，不断地看，联想到山水精神、个性、风格、意境等等，这些，都应该是属于一花一草、一山一石？还是属于我？置身于大自然这个大画室中，我不知用什么语言可以形容。我想，“道法自然”，大概就是感悟于这样的自然吧。

在这半个多月的写生中，很多不知名的植物、花卉也都写进了我的画册里，尤其是天竺成了我绘画的主要题材，也成了我的知心朋友。宋人杨巽斋《南天竺花》的诗句，很打动我：

> 花发朱明雨后天，
> 结成红颗更轻圆。
> 人间热恼谁医得，
> 正要轻香净业缘。

我在中国美院学习时也临摹过吴昌硕、任伯年等这些大师所创作的天竺作品，以及郑板桥的“眼中竹”、“心中竹”、“手中竹”。对“竹”的体验和感受无处不在，对我创作天竺很有帮助。

当然，我也深深地感受到艺无止境的道理，前面的路还很长，虽然我自己没有什么确定计划和目标，但是我想，只有通过不断地写生，不断地感悟自然，自然才会给你在艺术上的回报。有了才情、修养、学识、表现形式等等，才有可能完善自己的画作。

朱宪新

朱宪新，中国李苦禅艺术研究会会员、北京万葫堂美术馆理事、山东省美术家协会会员、山东省文化艺术科学协会会员。受业于著名画家李燕、王培东、刘怀勇等老师。

2002 年获得“徐悲鸿纪念馆书画名家邀请展”国画银奖；

2005 年《朝载诗酒入扁舟》入选中国美协网优秀作品展；

2008 年国画《众志成城》获得中国文联主办的“和谐与辉煌-北京‘城建杯’全国书法美术摄影作品展览”优秀奖。

2009 年《流金岁月》参加“山东省首届花鸟画大展晋京展”；《山花烂漫》入选中国美协主办的“全国美术教育学术展”

满架金风　179cm × 97cm

大漠长歌　180cm×98cm

朱琳博

1989年毕业于东北师范大学美术系

山东省美术家协会会员

作品《乡情》入选2008年6月中国美术家协会“首届中国画线描展”

作品《太行人家》入选2009年中国美术家协会2009年全国中国画展

作品《农舍》获2010年6月中国美术家协会“生存和谐美好上海世博会”优秀奖

作品《秋沟意象》入选2010年11月中国美术家协会“和谐燕赵红色太行”山水画展

作品《走出大山》入选2011年4月中国美术家协会“第八届工笔画展”

2011年结业于清华大学中国画高研班

乡情 120cm×120cm

走出大山 155cm×165cm

寒山唱晚 136cm×66cm

闫兴林

闫兴林，山东平阴县人，毕业于泰山学院美术系，结业于杭州师范学院何水法中国画高研班、清华大学中国画高研班。现为中国美术家协会山东分会会员，国家二级美术师，其作品多次参加各级专业性展览并获奖，近百幅作品在各级报刊发表。

佳秋 210cm×124cm

墨竹　180cm × 90cm

紫藤　180cm × 90cm

阮长胜

阮长胜，号小糊涂，斋号望海楼。1964年生于山东高青，1995年毕业于滨州学院，2008年结业于山东艺术学院山水研修班，同年入清华大学中国画高研班，师从刘怀勇教授。2009年入中国国家画院张志民工作室，2010年入北京万荫堂美术馆刘怀勇工作室。现为山东美术家协会会员、山东东营市黄河画院院长。

秋山暮鼓 180cm×90cm

山高水长 220cm×124cm

何彦超

何彦超，别署养云居士，1961年出生于河南漯河市。中国工笔画学会会员，河南省美术家协会会员。2008年毕业于中国艺术研究院研究生院中国山水画研究生课程班，2009年就读于清华大学中国画高级研修班，师承刘怀勇教授。

主要作品入展获奖及出版情况：

2008年 《秋醉溪山》入选首届中国山水画艺术双年展；

2008年 《太行春韵》获改革开放三十年全国名人名家邀请展银奖；

2009年 《临流听泉》入选新中国建国六十周年中国画名家邀请展；

2010年 《家在高崖看金秋》入选上海世博会中国画名家收藏展。

2010年 《秋山牧歌》获和谐燕赵、红色太行全国山水画展优秀奖：

2010年 《我爱太行金秋》入选第二届中国山水画艺术双年展：

2010年 由国务院新闻传播中心《盛世收藏》栏目撰稿拍摄的《写山水真情 悟人生真谛》个人专题在全国播出，并上传到国内各大网站。

2008年以来有多幅作品录入中国文联出版的《2008—经典国画作品年鉴》、《当代中国画名家鉴赏》、《中国中青年实力派画家作品集》、中国艺术研究院学术期刊《美术观察》、国家画院学术期刊《国画研究》，以及中国美术界核心报纸《美术报》、《中国诗书画报》等书刊。并由中国文联出版社新近出版有个人专辑《何彦超山水画作品集》。

作品先后被北京中华建筑报社、北京海军总医院、山西长治市委、桂林市政府、香港环球投资发展实业公司等机构个人收藏。

不倒的丰碑

溪山清韵 90cm×180cm

秋山牧歌　210cm×150cm

张少兰

张少兰，笔名天慧，1957年出生。研修于清华大学中国画高研班，师承于刘怀勇教授。现为中国美术家协会分会会员、中国书画家协会理事、北京市工商书画家协会理事、北京潭柘紫石艺术书画院名誉院长。

一堂和气　180cm × 90cm

山水　180cm × 90cm

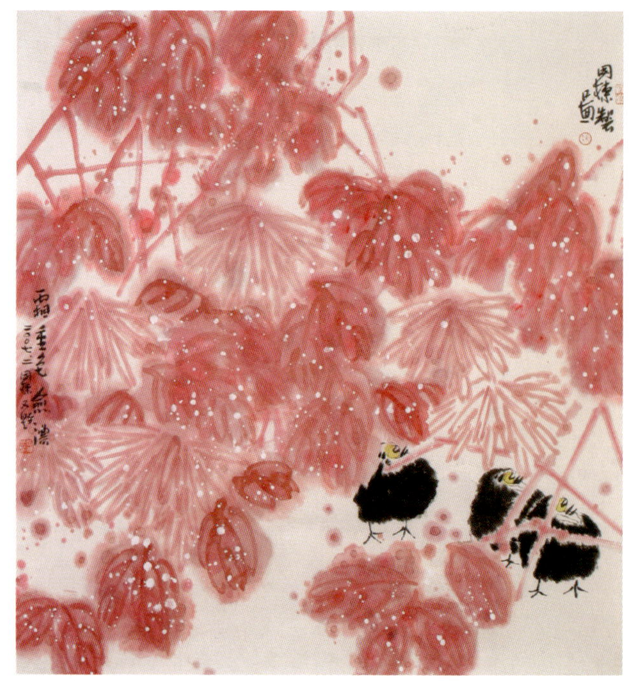

张国栋

张国栋，字芸斋，别署一砚堂主人，1978 年 12 月生，山东省邹平县人。2001 年毕业于山东教育学院美术系，2005 年结业于中国美术家协会中国画高研班，2006—2007 年就读于清华大学中国画高级研修班。现为中国青年美术家协会理事、中国美术家协会培训中心特聘画师、山东省美术家协会会员、山东邹平政协诗书画院副秘书长。

作品曾入选文化部、中国美协、中国书协主办的“首届全国电视中国画大赛”、“庆祝建国 55 周年全国青年书画展”、“纪念抗日战争胜利 60 周年全国书画展”、“首届‘草原情’全国中国画提名展”等展览并获奖，且被中国美术馆、中国国家博物馆、中国商务部等多家艺术机构及政府部门、企业、收藏家收藏。

荷风送香　180cm × 90cm

香风　180cm×90cm

秋雨冷月　180cm×45cm

张泽光

张泽光，别署半一我，自幼酷爱书画，功花鸟山水，并旁涉书法、篆刻。先后进修于清华大学、中国美协中国画高研班。作品多次入选全国性大展并获奖。现为中国国画家协会常任理事，中央文化管理干部学院水墨研究院院士，山东设计艺术学院美术系副教授。

太行印象　90×90cm

意飘云物外　诗入画图中　90cm×180cm

瑞雪兆丰年 180cm×90cm

张家敏

张家敏，别署罄竹轩主者，1956年生于山东惠民。系山东省滨州市惠民县教学研究室美术教研员，高级教师，滨州市第一批美术学科带头人，中国教育学会美术教育研究会会员，山东省美术家协会会员，滨州市美术家协会主席团委员，滨州市政协书画联谊会理事，惠民县第十一届政协委员。

西园秋光　68cm × 136cm

藤　180cm×45cm

李水云

李水云，1967年生于山东烟台，渔家女。主攻人物，山水。2007年赴韩国首尔等地举办四人书画巡回联展。2008年参与中国慈善总会举办的《中华奥运梦》国画长卷创作绘画，主画奥运火炬手。长卷由主卷和33幅分卷组成，总长200.8米，高1米，真实记录了中华民族的百年奥运梦，并有全国40多家媒体报道。2009年进修于中国解放军艺术学院国画系。2000年进修于清华大学中国画高级研修班。作品在解放军报多次刊登。受教于刘怀勇、刘大为，杜滋龄、任慧中、袁武、等教授。现为北京万葫堂美术馆专职画家。

深山藏古寺 250cm×90cm

秋雨　210cm×90cm

山花　180cm×90cm

李光华

李光华，陕西岐山人，从艺四十多年，初拜西安美术学院教授、山水画家杨建兮先生学习传统国画。2006—2011年先后结业于中国美术家协会山水画高研班、中国艺术研究院中国美术创作院研究生班、清华大学中国画高研班，师从满维起、郭怡孮、张复兴、李魁正、白云乡、曾先国、吕云所、韩敬伟、刘怀勇等名师。

现为《中国书画家》杂志社专业画家、陕西省山水画研究会会员、岐山书画院副院长。

作品《家在青山绿水间》在首届“盛世中华”全国书画作品展中获一等奖；作品《延河之畔》入选北京奥运会“神州圣火传递图”全国艺术作品展，并被入编“北京2008年奥运会火炬接力”纪念邮票；作品《清泉石上流》2010年入选由中国国家画院主办的“第二届中国山水画艺术双年展”。

清秋　180cm × 90cm

风泉云壑　180cm×90cm

李恩成

1974年生于济南市。毕业于山东师范大学，山东建设学院教师，苏州画院画师。

2007年作品入选中国美协主办的第四届西部大地情画展
2009年作品入选中国美协主办的全国中国画作品展并获优秀奖（最高奖）
2010年作品入选中国美协主办的上海世博会中国美术作品展·中国画展览并获优秀奖（最高奖）
2010年作品入选中国美协主办的全国中国画作品展
2010年作品入选中国美协主办的《民族百花奖》中国各民族美术作品展
2011年作品入选第二届全国"徐悲鸿奖"中国画展并获优秀奖
2011年作品入选中国美协主办的第八届工笔画大展
2011年作品入选中国美协主办的全国中国画作品展并获优秀奖（最高奖）

作品参加
2007年作品参加水墨锋镝——山东70年代画家学术邀请展
2009年作品参加山东当代著名书画家作品邀请展
2009年作品参加东方既白2009第五届·中国画名家学术邀请展
2010年作品参加走进国家画院——山东籍优秀学员（花鸟篇）精品展
2010年作品参加新象·心声70后画家新作展
2010年作品参加齐鲁美术世博行"齐鲁风"精品展
2011年作品参加锐·水墨——当代70 后学院派画家学术提名展
2011年作品参加"齐鲁之春"——新一代学院派中国画硕士·画家作品展

故园追忆 180cm×96cm 民族百花奖中国各民族美术作品展入选

瑞气 190cm×180cm 2009年全国展优秀奖

故园春梦 242cm×120cm 上海世博会优秀奖

艺术史家贡布里希在讨论埃及早期艺术时曾说过，埃及画家是根据记忆而不是在一个特定时刻所看到的情景绘画，所以他们画的是自己了然于心的事物或场景，并且会十分清楚的将它们表现出来。我想大概人类早期的绘画都是如此，那时人是主动的，不受任何无关因素的干扰，简单到只有思想，埋在地下上千年挖出来还是鲜活的。我真不知道是现在我们离绘画更近还是那时他们离绘画更近。

上学时鲁迅先生的《从百草园到三味书屋》是要求背诵的，所以记住了许多从未见过的动植物名称，什么高大的皂荚树，何首乌藤，叫天子，斑蝥，当然也有许多熟识的，如鸣蝉，蟋蟀，蜈蚣，紫红的桑葚等，但都因这篇文章对他们感到格外的亲切，不知从何时起渐渐的在自己的作品中勾画起我的童年记忆，不过不是鲁迅先生的百草园，而是我家乡的荒园。

七十年代末的农村有一种现象，当房子破的不能住人的时候，留作仓库放置一些不太值钱的农具，柴草，破旧家具什么的，很破旧的院子则被弃之不用，而在生产队里新批的地基上盖新房子入住。还有一些原来院子比较大的人家，自己垒上一道墙分为前后院，一院居住，另一院则种些菜蔬自己食用，平时罕有人至，更没人去打扫，所以到处杂草丛生，各种小虫小动物也便出没其中，形成了许多荒园，那便是我们的乐园。

“星期三，上两班，背着书包往家蹿”，其实不止是星期三，平时下午学也放的早，那时也没加班补课晚自习什么的，下午放学铃声一响，我们飞一般的冲出教室，奔向早已定好的目的地，开始了我们真正意义上的日修课，爬树的，掏鸟蛋的，捉迷藏，跳皮筋的，玩加布的，弹玻璃球的，赢元宝的，三人一撮，五人一伙的遍布于我们村的各个角落。

而我经常和我的狐朋狗友们去探寻一个个神秘的荒园子，我觉着我们是勇敢的，对于拓展我们的游玩天地是有贡献的，是有开创意义的。哪个园子的榆钱先开了，槐花能吃了，桑葚先红了，又发现了几种叫不上名的花草，哪种花的果实能吃，是甜还是酸亦或是苦的，我们是探索者。刺猬，黄鼬，老鼠，狸猫经常遇到，我最怕老鼠，其次是猫，见到浑身就起鸡皮疙瘩，但是见到黄鼬一定想办法捉住它，听说它的皮毛很值钱，它的尾巴上的毛是做毛笔的上等材料，但它狡猾得很，溜得又快，我们从未得逞。蛇也是常常遇到的，从未听说谁被蛇咬到而中毒的，我们确定家乡的蛇是没有毒的，更没有遇见过赤练蛇，所以我们不怕蛇，但女孩基本上什么都怕，她们的尖叫声会降低我们探险的含金量，所以我们的行动不让女孩跟着，也有特例，就是我们其中一个无论是谁的妹妹，但是这种情况很少。

夏天是最好玩的季节，植物繁茂，草虫也多，又放暑假可以整日的在一个园子里玩。雨后可以在树下挖神仙狗，回去把它洗一洗放到咸菜缸里腌一下，搁到锅里用油一煎，香得很，还可以讨好老爸给他做下酒菜肴。拿一把小麦在嘴里嚼嚼，把淀粉吐掉，留下面筋粘到竹竿的顶部做工具，可以在树上粘到许多的鸣蝉。找个树丫，绑上旧自行车内胎做的弹弓是我们人手必备的武器。摘些树枝编成帽子，戴到头上既可以遮阴还可以当作玩敌战游戏时区分敌我的标志，为了当好人经常争得面红耳赤，是我们那时乐此不疲的游戏。趴到草丛里捉些刀螂，蚱蜢，蟋蟀，蜈蚣，磕头虫，放到小玻璃瓶里当宠物养，它们往往无疾而终。不管谁家后院的黄瓜和茄子等凡是能上口的我们必定要尝个鲜，被大人们发现了就得挨骂，我们便夹着尾巴逃之夭夭。到了冬天看到地上有新土并且上面竖插着一捆儿玉米秸梗的，一定要挖，定有收获，以脆萝卜，胡萝卜，红薯居多。雪后瑟缩在墙后拉一跟细绳，准备捕获一步步走向箩筐下正在觅食的麻雀也是跟鲁迅先生学的，不知是看到了闰土父亲教导他的话，还是我们家乡的麻雀比较傻，所以往往收获比他大。

我的孩提往事并没有随着时间的流逝而离我远去，反倒越来越清晰，我不敢肯定它能够完全还原真实，但在我的脑海中是完整的，是亲切的，是鲜活的，是把这三十几年的生活经验找回了一个属于我的真实的起点，我想它应该也一定是那样的，人生如梦，梦如人生，有谁能够把梦说得清楚呢。

吴冠中先生说一百个齐白石抵不上一个鲁迅，只有他自己知道这句话的真正含义，谁都别妄图去替他解释或推翻，不管是出于哪个角度考虑，我想这都是吴先生最真实的想法。我能用一百幅画去还原我的故园印记吗，我想不能，它会随着我的思想的波动而不断的产生出新的追忆……

（二零零九年五月李恩成于北京定慧寺东）

李捍卫

1976年生，自幼酷爱美术，2001年拜王子龄先生为师，学习绘画。2005年毕业于淮北煤师院，受益于周本信、马忠贤先生。2007年毕业于合肥师范学院美术系，深受黄少华、潘望森老师教诲。2006年作品《家居山深处》入选首届安徽省高等艺术院校大学生美术作品展。2007年作品《秋趣》入选第二届省美展。2007年作品《秋意盎然》入选迎奥运全国巡展。2010年师从刘怀勇教授，研习山水画创作，现为北京万葫堂美术馆画家。

山居图　180cm×90cm

萧山远影　180cm×90cm

太行之秋　180cm×90cm

李 微

李微，笔名茗山，别署不足道者，1944 年 8 月生于福建省福鼎市，进修于中国美术学院。系福建省美术家协会会员、宁德市政协书画院画师、福鼎市美协理事、福鼎市老年书画协会副会长。

不足道者 220×50cm

晴香微度 180cm×90cm

杨淑惠

杨淑惠，笔名紫凝、一凡，号溪山居士。1962年生于北京，研修于清华大学中国画高研班，师从刘怀勇、梅墨生、王玉良、李燕等导师。现为北京市美术家协会会员、中国书画家协会理事、北京潭柘紫石书画院名誉院长。

太行夏韵　180cm×90cm

太行人家 180cm×90cm

肖鹏飞

肖鹏飞，安徽界首人，毕业于淮北师大美术系，进修于清华大学中国画高研班，受教于刘怀勇教授。作品入选2009年全国中国画作品展、改革开放30周年书画展、全国美术教师作品展、安徽省工笔重彩进京展。现为北京万葫堂美术馆签约画家。

溪山人家 180cm×90cm

九华氤氲　1140cm×1900cm

陈延华

陈延华　出生于河北省隆化县，毕业于首都师范大学，从事多年教育工作，2009年读清华大学中国画高研班，师从刘怀勇老师、梅墨生老师。现为北京万葫堂美术馆理论部副主任、专职画家。

秋壑　180cm×90cm

高韵 180cm×90cm

武建军

武建军，1970年生，北京房山人，北京国瓷会馆董事长，漓江画派理事，北京市工商联企业家书画会副会长，北京丰台美协理事，师从王心昌老师、范天明老师、何镜涵老师，李宝林老师。09年结业于中国国家画院黄格胜工作室。09年9月入清华大学中国画高级研修班，受业于刘怀勇教授，广西艺术学院研究生（在读）。

大象无形　68cm×136cm

山居图 136cm×68cm

单明波

单明波，号大瓠，1958年生，山东青岛人。2001年就读于青岛大学美术学院硕士研究生班，2004年受业于刘怀勇教授，2008年就读于中国艺术研究院中国画研究生课程班。现为中国美术家协会会员，清华大学中国画高研班导师助教，北京万葫堂美术馆常务副馆长，青岛花鸟画研究院副院长。

秋清泉气高　180cm×90cm

九华胜境　230cm×124cm

太行秋韵　180cm×90cm

尚现成

尚现成，字文渊，号半耕。1970 年生于山东莒县，少时受中央美院蒋海燕，邓林等熏陶，痴迷于书画。1988 年考取沂水美院，2005 年他参加了省美协创作培训，受张志民、孔维克、梁文博等老师亲授。2006 年他又考取清华大学首届中国画高研班，受教于刘曦林、胡宝利、杜大凯、刘怀勇教授等。现为山东美术家协会会员、中国书画篆刻家协会会员、刘勰故里书画院、蒲松龄书画院副院长。现居北京。

清韵　90cm×160cm

三阳开泰　136cm × 68cm

朱实累累　136cm × 68cm

欧阳璞石

欧阳璞石，国家一级美术师，山水画家，居士，德源公社社长。中国原创水墨艺术研究院副院长，慧远书法院副院长，宋庄画家村居士林副林长。好追先古，后天勤学，以先古为师，以自然为师，以善友为师，以众生为师，以追摹天象、物理、心源为师。溶入佛理经论入画，先后浸泡于西南民族学院，中央美院，清华美院，得到诸良师益友的帮助和提携。

深山修行图 45cm×180cm

清心得大千 45cm×180cm

山水 45cm×180cm

深山修行图

罗 健

罗健，原名罗朝建，中国农工民主党党员，1969年生于福建省福鼎市，1992年毕业于福建师范大学，获2010届中国艺术研究院中国画艺术硕士学位。

作品多次入选中国美协主办的展览并获奖，发表于《中国书法》、《美术大观》、《美术报》、《中国书画报》等，并被海内外多家博物馆和藏家收藏。

现为福建省美术家协会会员、书法家协会会员，宁德市美术家协会常务理事，福鼎市美术家协会主席，北京工笔重彩画学会会员，江苏省国画院、闽东书画院、福建太姥画院特聘画师，福鼎市政协委员，市管专业技术人才。

水墨写生 60cm×84cm

挂天莲叶无穷碧　180cm×90cm

胡贵民

胡贵民，1967年6月生，河南漯河人。河南省美协会员，漯河市美协副主席，北京中外交流书画院副院长，北京万葫堂美术馆画家。

山深凝清气　峰高聚灵光　180cm×90cm

林泉高致　180cm×90cm

胡继江

胡继江，字默昀。斋号避云轩，知遇堂，一九七零年十月出生于书画之乡——安徽省太和县。中国书法家协会会员，现就职于界首市烟草专卖局。2011年8月拜刘怀勇先生为师，取号大葫。

魏晋汉唐联

古诗五首　136 × 38cm × 4

阮籍咏怀　30cm × 210cm

赵书亭

赵书亭，号大丘，字砚农，寒香斋主。1962年生，河南省漯河市人，职业画家，现居北京。河南省美术家协会会员，北京金辉鸿书画院副院长，中国三峡画院特聘画家。

2007年进修于中国美术家协会山水画创作高研班，2008年就读于清华大学中国画高级研修班，精研山水，兼功花鸟。2010年5月在河北省举办的中国画三人展；2010年12月赴台参加北京金辉鸿书画院与台湾分院组织的书画艺术交流展等。

无题　210cm×124cm

无题 180cm×90cm

赵金忠

赵金忠（赵金中），字泠皓，生于 1975 年。现为中国美术家协会会员，山东省青年美术家协会理事，中国国家画院姜宝林艺术工作室画家。

2007 年作品《含烟霜冷》获中国美术家协会主办五年一届“第三届全国中国画展”最高奖。

2011 年 1 月 18 日，胡锦涛主席访美期间，将赵金忠创作的海瓷艺术品《春韵》作为国礼送给美国总统奥巴马。

春艳　136cm × 68cm

梧桐　136cm × 68cm　2010年

大叶女贞　68cm×68cm　2010年

油菜花　48cm×56cm　2008年

《青花牡丹》　硕果瓶

赵勇勤

赵勇勤，1963 年生于北京，酷爱绘画．临历代中国人物，山水，花鸟作品，研习素描，速写，水彩等西洋画．2010 年结业于于清华大学中国画高研班，师从刘怀勇教授，主攻山水画。

醉翁之意不在酒　在乎绿水青山也
180cm×90cm

佛音袅袅　180cm×90cm

秋沟印象　180cm×90cm

赵晓东

赵晓东、1969 年出生，祖籍山东省邹城市。师从著名书画家清华大学导师刘怀勇教授，先后受教于宋丰光、张志民、岳海波、孔维克、杜大恺、梅墨生、王玉良、李燕、王明明、史国良、刘继红、丁雪峰、苏东河等教授，专修山水，兼涉花鸟、人物。

现为山东省美术家协会会员，山东省书画学会会员。

2008---2009 进修于清华大学中国画高级研修班。

秋雨 180cm×90cm

烟云供养　240cm×120cm

赵景收

赵景收：博士，中国美术家协会会员。河南洛阳人，字：墨丁，号：川石。别号：印收居士。先后就读于天津美院、清华大学、中央美院、北京大学与美国管理科技大学。历任洛阳市书画院副院长、眉山东坡文化艺术研究会副会长、北京紫光阁画院专职画家。作品多次在全国美展中获奖，并在国内外多家美术馆举办个人画展。现居北京。作品发表于《人民日报》、《人民文摘》、《书画家》、《中国书画报》等，著有《牡丹技法》、《赵景收画集》，并被多家博物馆收藏。获奖情况：

2000 获“龙文化”全国书画大展一等奖（作品《大唐遗韵》）

2002 年获“牡丹杯”全国画展金奖（作品《国色雅韵》）

2004 年获全国工笔画展优秀奖（作品《春回大地》）

2008 年获全国首届线描艺术展优秀奖（作品《根》）

2009 年获十一届全国美展河南省展优秀奖

2010 年获上海世博会中国画展优秀奖（作品《生命力系列之六—抱恨》）

2010 年入选全国第二届线描艺术展（作品《心声》）

新雨　240cm × 90cm

天籁 240cm×142cm

赵德明

赵德明，字尚如，号小地，山东济南人。师承黑伯龙、岳海波、梁文博等老师。2010年参加清华大学中国画高研班，受教于刘怀勇教授。现为山东省美术家协会会员、济南市华夏文化促进会理事、五岳书颂国画院副院长、济南天桥区美术家协会副主席。

太行山印象 240cm×120cm

读“刘怀勇课稿”随笔

■ 赵德明

孔子曰：“志于道、据于德，依于仁、游于艺。”反复阅读刘怀勇老师的课稿，联想他的为人处事、无不充溢着“道、德、仁、艺”。做为他的学生，虽愚拙不灵，然潜心领会，亦偶有所得。随记于此，蒙聆教益。

一、感悟生活

感悟生活，带着问题去写生，从生活中寻找创作的灵感与素材，是刘老师创作的主要路径，也是他一向倡导的艺术理念。

创作，首先是生活感受的深刻和生活知识的丰富。刘老师多才多艺，他不仅画好、书法好、文章、诗词、篆刻、音乐、以及哲学、道法禅意都造诣颇深。由此，他也希望他的学生都能够多才多艺。多才多艺，就要深入生活，感悟生活，就要博学多思、真修苦炼。

生活是丰富多彩的，画家的人生旅途同样有荆棘鲜花、风吹浪打；喜怒哀乐、酸甜苦辣。加之外出写生、院校进修，无处不有课题，无处不受磨炼。关键能否深入，能否体悟。

感悟生活，首先要对生活有感情，对事物有兴趣。爱好广泛是基础，其次是研究、苦炼，最后达到“山情即我情，山性即我性”的“物”、“我”两融的状态。刘老师要求学生多学点画外的知识，旨在触类旁通、“大化同一”。知识广则悟性高，悟性高再灵气旺，技艺和内涵则自然升华。

感悟生活，就是对客观事物的状态和本质的深切感受和理解，就是不断发现新的美的素材，提高纯化自身的艺术品质。只要对生活有独特的感悟和明确的态度，其作品就会有鲜明的个性和新鲜的格调。

二、蒙养品格

刘老师尤为重视“大气人生、蒙养品格”，他常说：“人品不高，画格难求其高。”我想，绘画作品有技法并有内涵，作品是视觉形象，而这种视觉形象是赋予一定思想内涵的形象。视觉形象靠技法表现，而内涵则要靠思想品格来表现。做品如此，画家自身的形象更是如此。

我们自学群体中，有的人刚一上“路”，便想成名成家；小有名气，则自称大师，妄自抬价。另有些人，把技巧、风格视为画家的目标，丧失了他对传统精神的渴望和追求。某些急功近利的人，“为创新而创新，产生了一批浮躁、狂怪、离奇丑陋的东西，就像怪胎一样、新则‘新’矣，让人不采”。还有一些自命不凡的画家，试图从对抗传统、靠拢西方某些变异的东西来寻找中国画的“出路”，使得中国画在不断的艺术争鸣中演变

难怪刘老师叹惜：“笔墨，具有传统精神的笔墨，离我们越来越远”！

画家的可悲是太执著于当画家了！把自己置身于经济大潮的追名逐利中，而不是痛感到承继和开拓祖国传统精神的责任。

本来，传统文化是以儒释道的修炼为根，思想品格也是遵循传统美德而后天蒙生的产物。书画艺术同样是修行，而修行就要按照传统美德，善养浩气，淡泊名利，同化真善美。只有注重蒙养品格，方能圆融艺术。

三、“黑白”天下式

计白当黑是中国画的“黑白天下式”。黑白即阴阳，白纸和墨，便是中国画家的天地。

天地间芸芸众生，万物有灵，断续连绵，处处有情。相生相克皆隐其中。

一幅画满纸烟云，却不能滞塞，不论白云本身的处理多么巧妙，其所以能够使它在欣赏者的视觉上造成云的感觉，而不是把它当成一块白纸，不能不从云的周围的山和树与这块白底子的关系来分析。

中国传统绘画在章法上，笔墨上的特点，就是运用虚实、隐显、纵横、聚散、起伏、顿挫、强弱诸法则。这些法则在一张白纸上的体现就是中国绘画的空间结构。而刘老师所说的黑白天下式，不仅囊括了以上诸法则的阴阳关系，而且还指出：中国画不只有空间，而且还有时空关系。

时空是流动的、变化的。

一方面，“浓浓淡淡、干干湿湿，总在相生相克中变化发展”；另一方面，S律动是一个大的主旋律，他最早出现于龙的图案中，“龙脉是庞大的，鲜活的，激情的，其势如黄河、长江，连绵几千里，时而跳跃，时而平缓，时而咆哮，虽千山万阻，不能绝其势、阻其涌，一入到海。”

“一支笔、一块墨、一张白纸，等于给画家一个世界。”在这个世界里，仅用黑白，即可解天地之阴阳，释万物之苍茫。这意味着新的山水精神的确立，刘老师的“道法艺魂”章显于此。

四、师心亦师道

我读刘老师的画，最初，象读天书，不知所然，不知所以然。然而平日里我知道刘老师的人品，知道他的学识，画品如人品，于是，我想读懂他的画。

我先是反复读他的课稿，了解一些他对中国画的认识，他对中国画的表现方法，以及他那近乎于哲学的道法禅意。刘老师将道法禅意称做形而上，因为他认为道法禅意是无形的，把无形的东西变为有感知的视觉艺术，这才是中国画的最高境界。明白于此，我似乎开朗了许多。

细细品味刘老师的山水画，总感到画中有一种旋机，有一股不断旋转、不断扩散的气流。那些个似是而非、似有形而无形的山脉、古树、河流、都仿佛呈现着一种大自然浑然一体的、无以言状的神秘意境。

我随刘老师写生的短短日子里，他曾经讲过一个“浑”字，这个“浑”字，又着实让我刚刚明朗的心“浑”了一阵子。而当我真正沉下心来感悟这个“浑”字时，充满阴霾的心才真正拔云见日，豁然开朗。

在中国画里，浑，不是浑浊，不是脏，而是浑厚，是气物合一的神韵，是一种大的美学意象。

所谓浑厚，即在一幅画里，是靠由淡到浓，由干到湿，由虚到实的积墨，是皴擦点染，轻重徐疾与留白浑然一体的特殊效果。

所谓气物合一，就是气象，就是天人合一；物象是处在大气之中的，而大气是孕育万千物象的物质的本源。中国画讲气韵生动，我想并非只是讲笔墨，而是所有物象与流动的空气融为一体的气象。表现的圆融，就自然气韵生动；不圆融，生硬的物象与物象之间，物象与大气之间毫无关系，何谈气韵生动呢？我想，刘老师常讲要计白当黑，可能就是这个意

高原春晓图　240cm × 120cm

思吧。

刘老师还说：“韵，是一种精神，是中国画永恒的主题，韵又是一种意境，是参禅悟道妙得诗书之韵。”我想，浑，亦是参禅悟道妙得诗书之“浑”，即是笔墨与画面，与画家的意蕴，相互融汇，相映生辉的画面气象。浑，似乎亦是中国画的魂。

一个浑，一个常人理解为很脏的字眼，在画家的心目中，却足以成为追求一生的浑圆的哲学理念。

最美不过大自然的造化，人为的事物总有缺憾。正象刘老师告诫我们的，“向大自然学习，得真之象，真意味，真性情！”我想：难也、苦也，美也、乐也！然而，读刘老师的画，虽不象得大自然的真意味，真性情那样难也、苦也，但却如同参禅悟道妙得诗书之韵那样美也、乐也！

殷晓溪

殷晓溪，1989年生于安徽省界首市，08年7月毕业于安徽省铜陵学院艺术系，2010年结业于清华大学中国画高级研修班，受教于刘怀勇、梅墨生、王玉良等导师，现为北京万葫堂美术馆专职画家。

春芳漫野　180cm×90cm

山水条屏 180cm×90cm

耿宏亮

耿宏亮，字子明，笔名尚石，1966 年生于安徽省萧县，1988 年毕业于皖西学院美术系，2008 年结业于中国艺术研究院研究生院、中国美术创作院。2009 年拜清华大学教授刘怀勇为师，加入“水墨清华”——刘怀勇书画艺术工作室。现为安徽省美术家协会会员，中国当代写意画研究院画家，北京东方观海广告有限公司艺术总监，政协萧县委员会第五、六、七届委员。

作品发表于《中国书画报》、《美术报》、《中国青年报》、《美术大观》等几十家报刊杂志；收录于《2008 中国画年鉴》、《2009 中国画年鉴》、《当代中国画名家辞典》，并被多家收藏机构收藏，出版《二十一世纪美术标准教材—风景速写》；《真水无香》在《纪念改革开放三十周年—中国画展》中，获特别荣誉奖，《暮韵》在《本真状态—大地篇》中，获优秀奖，《寒潭秋韵》入围《2009 中国画展》。

皖南写生　42cm × 68cm

一关清晓　180cm×90cm

莫高泉

莫高泉，1968 年生于广西阳朔。1999 年在中国艺术研究院中国画高级研修班进修，2007 年在清华大学中国画高级研修班进修。2008 年进入中国国家画院黄格胜工作室。在多方名家的指导下，深得传统精髓，力求诗意、画意、禅意的结合。作品多次在全国性书画大展中入选获奖，在多种美术杂志报刊上发表，并为多家机构收藏。

何时再借西窗　180cm×90cm

太行秋忆　240cm×122cm

袁凤文

袁凤文，字大雁，号鸿鹄草堂。1944年生于山东青州。早年就读于潍坊教育学院美术系，先后拜杨元武、谢立章教授为师。现为山东教育学院美术系教授、国家一级美术师、《红旗画刊》特聘美术师。

金秋雁鸣　180cm × 90cm

荷塘雁趣　180cm×60cm

郭庆志

郭庆志，1973年生于安徽省萧县，现居北京，资深室内外设计师。清华大学中国画高研班结业，受教于刘怀勇老师，北京万葫堂美术馆展览部主任。作品多次参加美展并被多家媒体杂志发表，多幅作品被国内艺术机构及个人收藏。

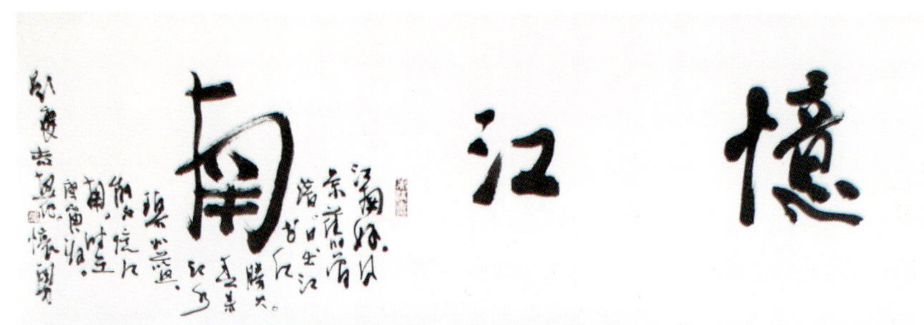

忆江南 170cm×90cm

轻烟笼翠　240cm×122cm

秋壑云声图　240cm×122cm

郭新天

郭新天，1969年出生于河南省辉县市，师从著名画家白庚延先生，刘怀勇先生。作品多次在全国性大展上入选、获奖。2009年进修于清华大学中国画高级研修班，现为中国青年美术家协会理事，北京万葫堂美术馆专职画家。

240cm × 122cm

180cm × 90cm

太行秋韵 240cm×122cm

高齐岳

高齐岳，1958年生于山西，现为山西省美术家协会会员，先后就读于中国美术家协会高研班，中央美院陈平教授山水画语言研修班，全国第八届中国工笔画大展培训班，现为北京万葫堂刘怀勇教授工作室画家，中国工笔画学会河渠培训基地签约画家。

作品多次参加全国美术展览并获奖。

《春绿悬空寺》荣获中国北岳恒山文化旅游节“恒山旅游杯”优秀奖；

2005年被全国政协、中协服务开发中心和全国书画院协会邀请，参加“百家争艳——首届全国百名优秀中青年画家进京邀请展暨著名书画家大型迎春笔会”；

2005年作品《山水》荣获“向新杯”全国中国画作品展一等奖；

2010年在北京台湖画院举办了庚寅春日陈平教授山水工作室《师法自然》太行山写生展，作品收入《师法自然》写生集；

《太行清秋》荣获2010年中国美协主办的“和谐燕赵，红色太行”中国山水画作品展优秀奖；

《翠屏家山》入选第八届中国工笔画大展暨中国新农村建设成就绘画展。

灵山多秀　180cm×90cm

闲看云山景亦奇　240cm×122cm

家山春早 240cm×122cm

崔少堂

崔少堂，1954年生于山东博兴，自幼酷爱书画艺术，1979年在博兴工艺美术公司工作，师从张雷白、乍启典先生学习中国画，进修于山东省美术家协会花鸟研修班，现进修于清华大学中国画高级研修班，师从刘怀勇教授。山东省美术家协会会员、渤海美术书法研究会常务理事、山东省博兴美协副主席。

青山叠翠　180cm×90cm

秋实　136cm × 68cm

凌云图　136cm × 68cm

崔 忠

崔忠，字大义，号无为草堂。1970年生于山东省博兴县。绘画启蒙于临沂画院初敬业教授，2011年结业于清华大学中国画高级研修班，师从刘怀勇教授。现为清华大学“百年树人”优秀画家、北京万葫堂美术馆高级画师、中国书画研究院会员、中国楹联学会会员。

春满人间　180cm × 90cm

紫光　136cm × 68cm

紫玉　136cm × 68cm

萧维永

萧维永，山东沂水人县人，毕业于山东大学，结业于中央美术学院、清华大学中国画高研班。现为山东省美术家协会会员、中国山东东岳书画院副院长、山东画院高级画师、荣宝斋上海分店签约画家。曾获山东省“五·一文化奖”、铁道部“火车头职工艺术家”称号。2007年经学术专家委员会评定入选山东中国画百家、入编山东省美协主编的《山东中国画百家》群星谱。

秋山觅句 180cm×90cm

贾岛诗意　180cm×90cm

山水清音　240cm×122cm

黄丹平

黄丹平，女，自幼酷爱艺术，童年曾学习水彩画，曾做过工人、技术员、教师、记者、编辑、图书责辑等工作，摄影曾获二等奖并巡回展出至香港。曾拍摄三套风光明信片。研习篆刻多年，师从北京琉璃厂翠文阁李文新先生。近些年潜心研习中国画艺术，2007年就读清华大学中国画高研班，在北京学习期间，得到了导师刘怀勇的点拨及教诲，对中国画有了更深层次的感悟。

皖南清韵　180cm × 90cm

石头城　180cm×90cm

黄世超

黄世超，号永宁居士，1958年生，广西桂林人，结业于清华大学中国画高研班，受教于刘怀勇教授。现为北京金辉鸿书画院副院长、广东东莞古月峰艺术馆特聘画家，寓居北京从事中国山水画艺术创作研究。作品《家山旧游图》入选“和谐燕赵、红色太行”中国山水画作品展。

梦绕家园　140cm×180cm

翠涌千峰　68cm×210cm

山翠作四邻　120cm×240cm

黄 彬

黄彬，生于山东省济南市，2004年进修于中央美术学院国画系，2010年就读于中国国家画院张志民工作室，现进修于北京万荫堂美术馆刘怀勇工作室。作品多次参加国内外大展并获奖，部分作品被文博单位收藏，出版有《黄彬国画山水精品集》、《黄彬写意山水册》等多部个人专集。现为山东省美术家协会会员、济南名士书画院副院长、济南市天桥区美协副主席。

禅意图 180cm×90cm

秋壑无语　240cm×115cm

禅韵幽境　240cm×122cm

翟永庆

翟永庆，河北衡水人。毕业于中国美术学院国画系、清华大学美术学院吕云所山水画创作工作室。现进修于清华大学中国画高级研修班 从师刘怀勇教授研习中国画。作品多次参加全国展览，并有获奖。

闲无梦 180cm×122cm

家住幽壑 240cm×142cm

西山云　180cm × 90cm

溪山新韵　180cm × 90cm

樊路明

樊路明（半厨），1957年生，1987年结业于山东艺术学院美术系；2003年结业于中央美术学院国画系研修班。作品：《王维诗意》入选中国美协纪念毛泽东《讲话》发表六十周年全国美展。《古村烟雨》入选中国美协第二届中国西部大地情全国山水画展。《湿云细雨》获中国美协2003年全国中国画展优秀奖。《古风今雨》入选第六届全国体育美展。现任济南市美术家协会副主席、章丘市美术家协会主席、山东画院画师、国家二级美术师。

古风今雨　220cm×142cm

古风今雨　240cm × 120cm

家园清梦　180cm × 90cm

魏健民

魏健民，1951年出生，秦皇岛市人，号了如。毕业于河北工艺美术学院，结业于清华大学中国画高级研修班，受教于刘怀勇导师。

现为清华大学“百年树人”优秀画家，北京万葫堂美术馆高级画师，河北省美术家协会会员，中国书画研究院会员，秦皇岛市书画研究院副院长。

秋山幽居　180cm×90cm

秋山溪流　180cm×90cm

魏隆基

魏隆基，山东莱芜人，金长城集团董事长，北京携天下书画院院长，结业于清华大学中国画高研班，受业于刘怀勇教授。

醉红楼 136cm×70cm

天上人间 180cm×90cm

清气满乾坤　90cm×180cm　崔少堂 王辉 殷晓溪 刘旭 刘怀勇 合作

金色太行　90cm×180cm　高齐岳 王辉 刘怀勇 合作

烟岚深处　90cm×180cm　胡贵民　何彦超　王 辉　刘怀勇 合作

春色满园　90cm×180cm　田国卿　刘怀勇 合作

春色满园 90cm×180cm 崔少堂 王辉 刘旭 田国卿 一瓢 新辉 刘怀勇 合作

太行高韵 90cm×180cm 高齐岳 郭新天 王辉 梁维文 李铸 刘怀勇 合作

北京万葫堂美术馆

北京万葫堂美术馆是由清华大学刘怀勇教授个人筹办的学术研究机构。展馆位于北京中轴线北端，立汤路58号（北七家建材城东端），目前设有展馆208平方米，多媒体教研室104平方米，办公室、会客室、个人工作室共计四十余间。本馆筹建成立的目的只有一个，就是服务于刘怀勇书画艺术工作室及清华大学中国画高研班来自全国各地的画家朋友们，为大家在北京提供一个良好的创作学习、交流展示的平台，非盈利性质。我们的宗旨是："共同学习、共同进步、共同发展"。

自成立以来，先后同清华大学继续教育学院、北京昌平区委宣传部、文化部美术创作基地、北京国瓷会馆共同组织举办了《京都水墨20家作品展》、《清华大学中国画高研班优秀作品展》、"2010刘怀勇书画艺术工作室新年团拜暨作品点评"活动、《刘怀勇扇面书画精品展》，以及长期开展刘怀勇书画艺术工作室的组织教学工作，仅2010年工作室就有13人次在中国美协全国展中获奖，36人次入选。

欢迎更多的有志于中国画学习与创作的朋友，加入北京万葫堂美术馆刘怀勇书画艺术工作室。

地址：北京·立汤路58号（北七家建材批发市场）
电话：010-69754690

萬葫堂

怀勇

北京萬葫堂美術館

Bei jing wanhutang gallery

北京万葫堂美术馆是著名画家、清华大学教授刘怀勇先生筹办的集展览展示、书画教学与收藏、学术研究为一体的美术机构。美术馆位于北京中轴线北端，立汤路 58 号（北七家建材城东侧）。目前设有展厅 208 平方米，多媒体书画教研室 104 平方米，办公室、会客室、画家个人工作室共计三十余间。本馆服务于刘怀勇书画艺术工作室及清华大学中国画高研班来自全国各地的画家朋友们，为大家在北京提供一个良好的创作学习、交流展示的平台。我们的宗旨是："共同学习、共同进步、共同发展。"

自成立以来，先后同清华大学继续教育学院、北京昌平区委宣传部、文化报美术创作基地、北京国瓷会馆共同组织举办了"京都水墨 20 家作品展"、"清华大学中国画高研班优秀作品展"、"2010 年刘怀勇书画艺术工作室新年团拜会暨作品点评活动"、"清华大学刘怀勇师生中国画创作精品展"、"刘怀勇扇面书画精品展"，以及长期开展刘怀勇书画艺术工作室的教学工作。仅 2010 年工作室就有 13 人在中国美协全国展中获奖，36 人入选。

本馆对外承接书画、摄影、工艺品等各种文化艺术展览活动，欢迎各方朋友来北京万葫堂美术馆展示、交流。

地址：北京·昌平·北七家建材城生活区（城铁 5 号线天通苑北，转 643 至平坊）

邮编：102209

电话：010-69754690　　13581822776 刘先生

本馆常年代理刘怀勇本人、清华大学中国画高研班学员、刘怀勇工作室成员作品。

清华大学中国画高研班	http://www.qhgh.cn
刘怀勇工作室	http://www.liuhuaiyong.com
万葫堂美术馆	http://www.wanhutang.com
中国书画润格网	http://www.shuhuarg.com

北京万葫堂美术馆暨刘怀勇书画艺术工作室 2010年工作简报

一、由清华大学继续教育学院、青岛市美术馆、北京国瓷会馆、北京万葫堂美术馆主办的“清华大学中国画高研班刘怀勇师生书画展”2010年7月29日在青岛市美术馆隆重开幕。开幕式由青岛市美术馆欧玉珉书记主持，原北海舰队副司令朱洪禧中将、山东美协副主席、青岛画院院长曾先国先生、青岛花鸟画研究院院长刘世骏先生、清华大学继续教育学院孙元凯主任、清华大学中国画高研班主讲导师刘怀勇教授分别在开幕式上讲话。出席开幕式的嘉宾还有：周永家、蓝立克、邱振亮、杨越、王少波、郝麒。青岛电视台、中国文化报、中国书画报、美术报、神州诗书画报等新闻媒体进行了详细报道。中午在青岛市美术馆报告厅举办了“刘怀勇师生书画展”研讨会，著名史论家邱振中主持（见“清华大学中国画高研班刘怀勇师生作品展”学术研讨会纪要）。

二、由清华大学继续教育学院、临沂市美术家协会、北京万葫堂美术馆主办的“清华大学中国画高研班暨刘怀勇师生书画展”2010年12月9日在临沂市美术馆隆重开幕。慕增利市长评价为“临沂近年最大、最好、最有水平的展览”。

三、2010年5月22日，“京都水墨20家作品展”在北京万葫堂美术馆隆重开幕，本次展览由文化部中国美术创作基地、北京市昌平区委宣传部、北京国瓷艺研文化交流中心和北京万葫堂美术馆共同举办。旨在彰显中华文化精神在当代的传承与发展，强调中国画的写意精神、时代精神与创新意识。南开大学教授、博士生导师陈玉圃先生、北京市委原农工委杨德宏书记、北京市公园管理中心副主任王忠海先生、中国经济日报社副社长倪连存先生、中国旅游与经济电视台副台长霍克先生、黄山徽州画院院长张先林先生出席开幕式，并为画展剪彩。

参加展览的艺术家有：（按姓氏笔画排序）

丁雪峰 马硕山 孔祥民 刘怀勇 孙远利 刘政玮
刘继红 李也青 李 锛 张 贤 张德刚 张增丽
单明波 侯晓峰 夏 墨 郭 丰 萧 丽 程翔宇
谭崇正 魏 源。

他们有的是享誉海内外的艺坛耆宿，也有活跃在画坛的中年名家，还有崭露头角的艺术新人，他们均为中国美协会员。

四、“刘怀勇书画工作室首届中国画创作班”于2009年9月在北京万葫堂美术馆开学。本班宗旨：立足教学，为清华大学中国画高研班结业的优秀学员以及刘怀勇书画工作室的画友们提供一个“继续加力”的平台，努力学习、努力创作。争取用三年的时间达到入展国家级大展的水平（清华一年，工作室一年，自修一年）。

刘怀勇书画工作室首届中国画创作班学员名单：

单明波 孔祥民 魏 源 赵雪伟 耿宏亮 樊路明
张宪华 何彦超 井文民 莫高泉 赵景收 刘 旭

刘怀勇书画工作室第二届中国画创作班学员名单：

郭新天 王 辉 李水云 王 亮 胡贵民 葛耀东
赵 亦 高齐岳 殷晓溪 黄 彬 李捍卫 于 灏
莫高泉 何彦超 井文民 赵国禄 邹美娜

五、2007——2010年入会情况：

2007年 于海龙、巩德春加入中国美术家协会

2008年 吕坚毅、庄乾梅、孙建东加入中国美术家协会

2009年 孔祥民、单明波、魏源、慕增利、何茂卓、赵金中、杨庆芬加入中国美术家协会

六、2006——2010年全国展入选、获奖情况：

于海龙（山东） 作品《海潮之二》入选“第十一届全国美术作品展”；《立夏》入选“第三届全国中国画展”；《回音》入选“第六届中国体育美术作品展”；《硕

果》入选"国庆60周年第五届中国美术家协会会员中国画精品展"等展览。《香春头》获"第五届深圳国际水墨画双年展""全国城市山水画展"优秀奖；《潮落》入选"2007年全国中国画展"优秀奖;《追忆》入选"纪念中国工农红军长征胜利70周年全国中国画展"优秀奖；《金秋》、《深秋》在"风华正茂中国当代实力派画家提名展"等展览中均获优秀奖（最高奖）。作品《韵》入选"2005年全国中国画作品展";《桐香》入选"2006年全国中国画作品展"；《秋语》入选"全国第六届工笔画大展";《立冬》入选"第七届全国工笔画大展";《芦花飞处》入选"2008年全国中国画展"。

魏 源（山东） 2006年 特邀参加中国美协"第三届'菜乡情'全国中国画百家提名展；2007年 入选中国美协全国中国画大展；2008年 获中国美协高研班结业作品优秀奖；2008年 获中国美协"全国中国画大展"优秀奖；2008年获中国美协"首届中国山水画双年展"优秀奖。

孔祥民（山东） 2007年 入选全国中国画大展（厦门）；2008年 获中国美协高研班结业作品优秀奖；2008年 获"全国中国画大展"优秀奖;2008年获"首届中国山水画双年展"优秀奖。

单明波（山东） 2006年《山里人家》获"全国中国画提名展"优秀奖 ；2006年《太行秋韵》入选全国中国画作品展 ；2007年《雨后情依》入选"纪念叶浅予百年诞辰全国中国画提名展 "；2008年《太行晴日》入选全国首届山水画双年展 ；2009年《青山翠岭》入选"倡导绿色生活、共建生态文明"全国美术作品展。

赵金忠（山东） 2007年《含烟霜冷》获"第三届全国中国画展"优秀奖；2008年《硕果》参加"纪念郭味蕖先生诞辰一百周年"全国花鸟画名家学术邀请展；2008年《萧瑟秋风》入选"纪念中国改革开放30周年——全国美术作品展";《盛世迎春》入选"2008年全国中国画作品展"；2010年《不息》入选"16届亚运会全国中国画作品展"。

朱琳博（山东） 入选2009年全国中国画大展；2010年获上海世博会中国画展优秀奖；入选2008年全国首届线描大展；入选"和谐燕赵红色太行——中国山水画作品展"。

王永芬（山东） 入选2008年获全国首届线描大展；入选"纪念中国改革开放三十周年全国美展"。

张泽光（山东） 2007年全国展获优秀奖。2008年中国山水画双年展优秀奖。

高齐岳（河北） 2010年获"和谐燕赵红色太行——中国山水画作品展优秀奖。

何彦超（河南） 2010年获"和谐燕赵红色太行——中国山水画作品展优秀奖。第二届中国山水画艺术双年展入选。

耿宏亮（安徽） 《壶关清晓》入选中国美协举办的首届"全国少儿美术教育学术展"教师作品展；2010年7月入选中国书协举办的"全国首届篆书作品展"。

赵景收（河南） 2008年获全国首届线描大展优秀奖；2009年获十一届全国美展河南省展优秀奖；2010年获上海世博会中国画展优秀奖。

文新军（广西） 2008年入选中国美协"全国中国画大展"；入选"和谐燕赵红色太行——中国山水画作品展"；入选2010年中国山水画双年展。

樊路明 肖鹏飞 刘江川 赵国禄 莫高泉 曹金华
伍燕恒 刘 吉 赵 亦 李志坚 黄世超 高贵国
邹美娜 李水云 李克祥 赵雪伟 刘金梅 吕坚毅
等78人次在全国大展中入选、获奖。

七、画集出版：

河北美术出版社出版《清华大学中国画高研班刘怀勇课稿》花鸟卷、书法卷;由北京万葫堂美术馆编辑、中国文化出版社出版《清华大学中国画高研班第四届结业作品集》,《清华大学中国画高研班暨刘怀勇书画工作室优秀作品集》。山东美术出版社出版《当代山水名家——刘怀勇卷》、《当代中国画名家——孔祥民卷》,《当代中国画名家——魏源卷》。编辑出版《中国当代实力派画家——郭庆志卷》、《中国当代实力派画家——郭新天卷》、《中国当代实力派画家——李水云卷》、《中国当代实力派画家——孙龙卷》、《中国当代实力派画家——何彦超卷》、《中国当代实力派画家——井文民卷》、《中国当代实力派画家——赵雪伟卷》、《中国当代实力派画家——耿宏亮卷》、《中国当代实力派画家——邹美娜卷》、《中国当代实力派画家——王辉卷》等。

北京万葫堂美术馆
刘怀勇书画艺术工作室
2011年2月17日

北京万葫堂美术馆开馆暨刘怀勇书画工作室创作研讨会新闻稿

3月6日——7日“北京万葫堂美术馆开馆暨刘怀勇书画工作室创作研讨会”在京举行，来自全国各地以及韩国的画家学友、新闻媒体共计80余人参加会议。6日上午，各地画家将自己的近作120余件整齐的悬挂在北京万葫堂美术馆，相互学习、相互点评。下午，清华大学教授刘怀勇，海南大学教授李锛共同为大家进行了作品点评与指导。7日上午在万葫堂美术馆举行了盛大的创作研讨会，刘怀勇教授针对大家的作品，从形式语言到当下的美术思潮，详实具体的做了总结，并对与会的工作室成员提出了新的要求与希望。李锛教授就如何的继承传统，如何的以时代为背景进行中国画的主题创作，做了精彩的讲座。部分与会的画家就工作室今后的发展，以及学习与创作，创作与发展的问题进行了广泛的讨论。

会后达成共识：以积极向上的生命热情，关爱传统，拥抱生活，努力使中国画的创作更上层楼。

简介：刘怀勇先生曾任山东省美术家协会创作培训中心主任，山东艺术设计学院国画系主任，现为清华大学教授，中国画高级研修班主讲导师。自1996年开始从事“中国画美术家”的创作培训工作，2006年建立“刘怀勇书画艺术工作室”，迄今在全国范围内已培养了近千人的画家队伍，部分学生在全国大展中多次入选、获奖，成为中国美协会员、中国书协会员。

北京万葫堂美术馆是刘怀勇先生独自兴办的公益文化单位，意在为有才华、有潜力、有标准道德情操的画家学生，建立的集创作、学习、研究、交流、展览为一体的综合平台，使大家有一个继续深造、集体发展的机会。展厅面积208平米，教室104平米，工作室48间。

前 言

火红的五月，北京城到处鲜花盛开，生机盎然。由昌平区委宣传部主办、北京万葫堂美术馆承办的“京都水墨 20 家作品展”在上风上水的立汤路 58 号北京万葫堂美术馆隆重开幕。来自昌平区委、区政府的领导，中国美协、中国国家画院、中国书法院、清华大学以及北京其他部门的各界领导，宋庄艺术村、上元艺术村及全国各地的艺术家朋友们共计三百余人参加了开幕式。

本次参展的画家有：(按姓氏笔画排序)

丁雪峰	马硕山	孔祥民	刘怀勇	孙远利
刘政玮	刘继红	李也青	李　锛	张　贤
张德刚	张增丽	单明波	侯晓峰	夏　墨
郭　丰	萧　丽	程翔宇	谭崇正	魏　源

北京万葫堂美术馆是北京市民政局注册登记，清华大学教授刘怀勇先生独自筹办的学术研究机构。展馆位于北京中轴线北端，汤立路 58 号（北七家建材城东侧），目前设有展馆 208 平方米，多媒体教研室 104 平方米，办公室、会客室、个人工作室共计四十余间。本馆筹建成立的目的只有一个，就是服务于刘怀勇书画艺术工作室的来自全国各地的画家朋友们，为大家在北京提供一个创作学习、交流展示的平台，非盈利性质。我们的宗旨是：“团结、进步、发展”。

今天，在这个平台上展示的 20 位画家，大都是美院的教授或是国家级艺术团体的专职画家。大家聚于此，没有繁文缛节，没有矫揉造作，随意而谈，即席研讨，即兴挥毫。为艺术可以面红耳赤，可以解衣盘礴，这是一个艺术的沙龙，只要大家热爱艺术，热爱生活，真诚善待每一个生命，北京万葫堂美术馆亦将真诚的、热烈的欢迎每一位前来指导、交流、学习的朋友！

刘旭（北京万葫堂美术馆副馆长）

2010 年 5 月 22 日

武建军

杨珺

海南大学李锛教授

陈玉圃

京都水墨20家作品展
邀
开幕式：2010.5.22 上午10：08
展 期：5.22—6.12
地 址：北京万葫堂美术馆
（北七家建材城生活区）
电 话：010-69754690

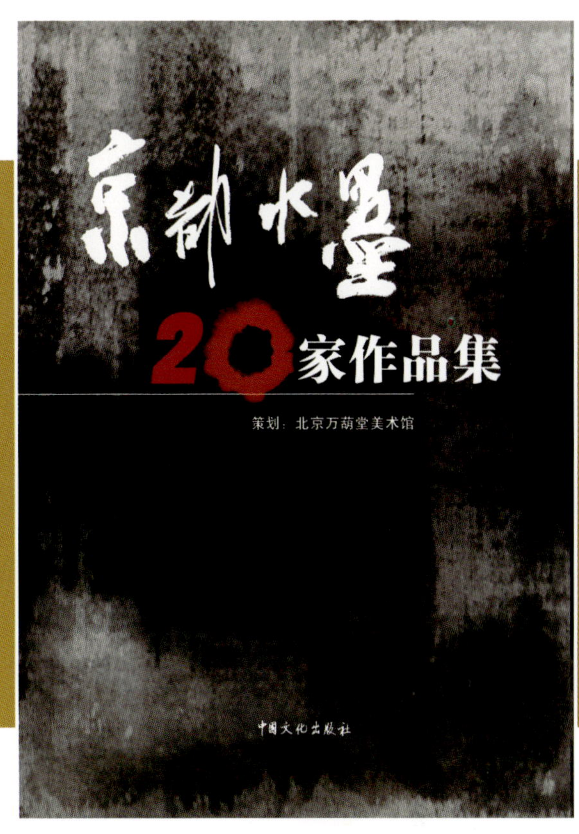
京都水墨
20家作品集
策划：北京万葫堂美术馆
中国文化出版社

清华大学中国画高研班刘怀勇师生作品展在青岛市美术馆举行

2010年7月30日上午清华大学中国画高研班刘怀勇师生作品展在青岛市美术馆隆重开幕。本次展览由清华大学继续教育学院、青岛市美术馆主办，由北京万葫堂美术馆、北京国瓷会馆、北京中科隆泰生物科技有限公司、郭玉水艺术中心承办。旨在以高品位的学术形象宣传清华大学中国画创作高研班，推出新人新作。展示刘怀勇教授教学及个人艺术创作成果。

开幕式由青岛市美术馆欧玉珉书记主持，原北海舰队副司令朱洪禧中将、山东美协副主席、青岛画院院长曾先国先生 、青岛花鸟画研究院院长刘世骏、清华大学继续教育学院孙元凯主任、清华大学中国画高研班主讲导师刘怀勇教授分别在开幕式上讲话。出席开幕式的嘉宾还有：周永家、蓝立克、邱振亮、杨越、王少波、郝麒。青岛电视台、中国文化报、中国书画报、美术报、神州诗书画报等新闻媒体进行了详细报道。

上午十一点，在青岛市美术馆报告厅内召开清华大学中国画高研班刘怀勇师生作品展学术研讨会。青岛科技大学艺术学院院长邱振亮主持研讨会，在会上周永家、刘世骏、蓝立克、曾先国、王绍波、张风塘等做了专题发言。最后刘怀勇教授作了总结性发言并详细介绍了清华大学中国画高研班开办四年来的教学经验和取得的成绩。清华大学中国画高研班的学员们来自全国各地，多半是有着一定国画基础的中国画的爱好者，也有研究生、教授等。他们在清华大学学习的一年里，在各位授课教师、专家学者的教诲和指导之下，尽可能地接受严谨、系统的学院式教育，尽可能做到取法乎上，以器明道，技与道双修，在学习过程中不单单的从绘画层面解决“技”的问题，还从更广阔的空间，站在历史的高度，重新审视、重新比对、重新核准学员们审美的价值取向问题，在大的艺术观念上跟上时代的步伐，在个体的修为上努力强调增加文化素养，强调画家的自省能力。通过学习，学员们在语言、形式、意蕴上都有了深层次的觉悟。清华大学中国画高级研修班自2006年开办以来，成为清华大学文化类创研班的一个品牌，也是清华大学唯一以“中国画高级研修班”命名的课题项目。四年来共培养出134名学员， 取得了优异的成绩，学员的作品有43件入选全国展览并获奖，有7位学员加入中国美协。

本次展览有刘怀勇个人作品60件，清华大学第四届中国画高级研修班31位学员的60多件结业作品。周永家、蓝立克对本次展览给予了很高的评价，“刘怀勇作品注重内在的文化品质，无论山水、花鸟、书法，皆大气磅礴，颇有大家气象。”“学生作品异彩多样，各具特色，充分反映导师教学的方法、思路是正确的。”“是岛城近几年少有成功并获高度好评的展览。”

（陈延华）

邱振亮主持清华大学中国画高研班刘怀勇师生作品展研讨会

“清华大学中国画高研班刘怀勇师生作品展”学术研讨会纪要

时间：2010 年 7 月 30 日 11：00——12：00

地点：青岛市美术馆学术报告厅

学术主持：邱振亮

媒体支持：中国文化报、美术报、神州书画报、青岛日报、青岛晚报、青岛早报

参加人员：周永家、刘世骏、曾先国、郝麒、蓝立克、王绍波、于志源、王伟宁、欧玉珉、薛波、张振武、胡永刚、单继宏、王沂、李会展、王超

青岛市文化局王琳局长，美术馆郝麒馆长在参观画展

邱振亮（原青岛科技大学艺术学院院长、著名美术评论家）：

各位老师，大家上午好。今天我们举办这个研讨会，首先感谢刘怀勇老师以及青岛市美术馆给我们提供了一个很好的学习机会。一个完整的队伍，尤其是有名师带领，经过一段认真学习和创作，取得了很好的成绩。

刘怀勇（清华大学中国画高研班主讲导师、教授）：

感谢大家，感谢青岛美术界的专家、教授和朋友们，这次展览是 2009 年清华大学中国画高研班第四届汇报展，我简单介绍一下：高研班是从 06 年开始，每年计划招生 28 个，生源是来自全国各地，配有专门的班主任、助教老师，我是主讲老师，梳理教学大纲、尽可能地把自己积累的教学经验传授大家，边积累边干，教学相长，这几年在教学方面也取得了一些成绩，得到了大家的认可，这次将自己和学生的作品带到青岛，请大家提出批评意见。谢谢！

周永家、邱振亮、刘世骏、王绍波、刘怀勇在参观画展

周永家（著名军旅画家）：

今天看了展览，想讲两点：刘怀勇先生是一个有才气、有气魄，对艺术很有悟性的一个画家，尤其这几年进步很快。大家都知道，艺术，特别是山水画艺术能画出一种品位、境界、程式是非常难的。中国山水画家能画出高境界高水平的，屈指可数，为什么？说明艺术是非常难的，所以从这一点上讲怀勇很不简单。我对他的评价就是：“气”不错，有大家的气质。绘画的生命在于气质，在于精神意志，在于大鹏之志，在于艺术家的“养气”。齐白石先生就特别提到“养气”的问题，变化气质、陶冶情操，所以我觉得刘怀勇的气质非常好。也希望他以后多研究，因为艺术是一种研究，研究大师、研究古今中外的经典，启迪自身艺术悟性，才能开花、结果。另外一点就是：静心，要静下心来，静观才能自得，每一个朝代能留下的大家有几个？我们要努力研究、创造，明白自己的艺术道路，一条实践的道路，懂得精神与笔墨的关系，这是画家的关键，长期实践才能“悟道“。还要必须找到成功的方法。任何一件事情要达到目标，方法不对，不会成功。在完成艺术大目标的问题，要解决哲学的问题，即语言、笔墨变化的节奏，充满哲理，要驾驭这个道理才能走好自己的艺术道路，最后是自由的表现即天性的自由表现。所以古今中外大师一级人物从生至死一直在实践、在创造。因此艺术的最后总目标是要达到三个境界。一、似；二、似与不似；三、不似之似。艺术的膨胀力、思想境界、修养、灵性全面爆发。作为画家要明白：艺术的道路是不变的，不管是古代、现代。中国画讲究两个规律：一、大器晚成；二、大智若愚；说明文化底蕴、艺术修养、时间创造要下一辈子功夫。要潜心，为艺术奋斗、献身，有失才有得，才能取得艺术的成就。最后祝愿展览圆满成功。也祝愿刘怀勇老师和他的学生们有更大的艺术成就。

曾先国（青岛画院院长、山东美术家协会副主席）：

刘怀勇山水、花鸟以古法入画，笔墨洒脱、用笔率意，构图饱满，空灵大气。他的画注重生活的积淀和传统笔墨的修养，无论山水、花鸟所呈现给观众的是一种朴实无华的博大气息，给人一种强烈的视觉感染力，无论巨帧大画还是扇面手札，处处体现出作者对生活的热爱和对艺术的执着，并透过怀勇的画传达出画家对艺术的感悟和探索精神。

蓝立克（原青岛大学美术系主任，教授）：

首先祝贺展览取得圆满成功，刘怀勇先生大名如雷贯耳，是我心中的大家。经常看到他的作品，非常钦佩。谈两点，一、此次展览我带学生来学习，看到他的作品大气凛然，有自己独特的语言；二、刘怀勇老师胆量大，无论花鸟、山水、书法都非常好。全面发展，我要学习他这种精神。他的学生的画风格多样，说明刘怀勇老师教学有方。齐白石曾说：学我者生，像我者死。以后教学中我也要学习这点。我不说刘怀勇先生是名家，他是真正的大家。

刘世骏（青岛花鸟画研究院院长、山东省文史馆馆员）

和刘怀勇老师以前不是很熟，其作品没有整体看到过，这次看到展览使我对他有了新的认识。他的成绩是有目共睹的，他是一个修养很全面的书画家，而我仅仅是一个画家。画家，到了最后要解决的问题是什么？是全面修养的问题，修养上不去，认识上不去，艺术成就也上不去。今天展览让我们看到艺术全面修养的展示，值得大家学习。作为老师应该给学生灌输什么？即学生风格各异。我的体会：学画必须要有好的老师，刘怀勇老师给学生指明的路是正确的。笔墨是中国画的重要元素，基础打不好会出现很多问题。刘怀勇老师功力是扎实的，对传统学识是全面的，这种精神也带给了他的学生。我做过两句打油诗："五十始悟道，花甲方解谜"，有一个好的老师可以让大家早些明白画画的道理，沿着正确的路走，才不会老大徒伤悲。谢谢大家！

王绍波（青岛大学美术学院院长、教授）

刘怀勇先生的画非常有特色，有自己鲜明的风格，让人过目不忘，这一点非常难得！现在有好多画家的画面貌很相似，跟流行风缺艺术个性！怀勇先生能以自己的美学观念和艺术主张表现自己的文化和个人的品格在当今画坛可谓旗帜鲜明！他的山水画无论小品还是宏篇都能透露出他胸襟的开阔和对自然浓郁的情感，人画合一浑然大气！再看他的花鸟画则更多了些天趣生机，受其山水画影响的花鸟画亦是独辟蹊径，既有传统文人的洒脱气又有当代人文思索的印痕，通古博今又极具自然气息，读来有荡气回肠之意！我称怀勇兄作画为"直接画法"即是放笔直取，写其胸中之臆气，这就是刘怀勇先生的写意！

郝麒（青岛市美术馆馆长）：

各位专家、教授大家好，很高兴作为承办方组织这次展览。我和刘怀勇老师可谓一见如故。就他个人的成就，我想说的是：笔墨功夫非一日之寒，是长期积累和锻炼的结果，怀勇的笔墨成就十分显著，达到了厚重、老辣、自由的境界。所谓"画到生时是熟时"，画得"生"是很不容易的，"生"而有气势就更不容易了。而怀勇已经达到了表达意境不受拘束、信手拈来的境界，这里面饱含了他的毅力和笃定坚持的精神。希望他今后取得更大的艺术成就！

于志源（科技大学艺术学院教授）

看了展览两点感受：一、艺术的享受、心灵的震撼。作品自然、精到；画法看似随意，实则表现了真实的景观。二、作为一名教师，带领大家从传统入手、深入生活，才能创作出如此震撼人心的作品。祝画展圆满成功！

王伟宁（中国美术家协会青岛展览中心艺术总监）

看到展览很震撼，感受最深的是：山水气势的营造，以松树大手笔的穿插，造就作品整体的宽松，艺到精时便是松；其次是书法，山水与书法的关系密不可分，刘老师做到了这一点，值得我学习。

主持人：

这次刘老师携学生来做展览，看到作品我受到很大冲击，来自于艺术作品的震撼，体会到了整个构图的气势给人的冲击力。刘老师的花鸟、山水、书法造诣都很深，尤其书法。他的格调、个性和修养是大家有目共睹的。在这里，再次对他和他的学生们表示祝贺！也感谢大家！

（文字整理：禹丽倩）

朱洪禧将军、蓝立克、刘世俊、王绍波、刘怀勇在观展

临沂画展

2011 年 1 月 9 日，由清华大学继续教育学院、北京万荫堂美术馆、临沂市美术家协会主办，山东中华职业学校承办的刘怀勇师生中国画创作精品展在临沂展览馆开幕。市人大常委会党组书记、第一副主任朱绍阳，副市长綦增利，市政协副主席杨荣三出席。此次展览为期 5 天，现场展出清华大学中国画高级研修班主讲导师、教授刘怀勇及其师生在不同时期创作的上百幅中国画作品。

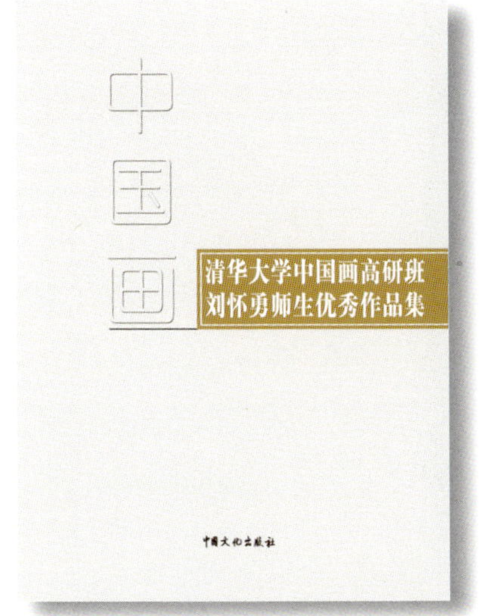

临沂画展作品集

北京万葫堂美术馆暨刘怀勇书画艺术工作室 2011 新年团拜会议程安排

（近 120 位来自全国的书画家、朋友莅临参加）

一、2 月 19 日下午报到，地点：北京万葫堂美术馆（5 号线城铁至天通苑北下，改乘 985 或打车至北七家建材城生活区）。晚餐 6 点在“七星天河酒店”集体用餐。

二、2 月 19 日下午带作品的朋友在美术馆挂画。

三、2 月 20 日上午 8 点 30 分在美术馆举行刘怀勇书画艺术工作室 2010 年创作点评，胡宝利、林华、丁雪峰、刘怀勇点评、致辞。10 点半现场笔会。

四、2 月 20 日中午 12 点在“七星天河酒店”举行北京万葫堂美术馆暨刘怀勇书画艺术工作室 2011 年团拜活动。

五、2 月 20 日下午团拜结束。

召集人：刘　旭 13581822776，魏　源 15901098444
郭新天 15910857002，夏红英 18701183178
郭庆志 15811148299，李水云 18611142301

著名画家任之、郭丰、军事博物馆范天明先生、刘怀勇、张德刚

大家参与抽奖环节，奖品是刘怀勇教授书画作品

济南军区李启科将军、收藏家郭玉水先生、胡宝利、著名画家任之

中国美协理事、展览部主任胡宝利先生与清华大学中国画高研班主讲导师刘怀勇教授

清华大学中国画高级研修班（第六届）招生简章

立项号：112560960　主办单位：继续教育学院

近年来，中国画无论在表现内容、表现技法还是创作规律上，都发生了有别于传统意义上的变化与革新。清华大学中国画高级研修班旨在传承中国画几千年的文脉，继承和弘扬中国画创作的艺术规律与人文精神，重申书法、美学、诗歌等画外功与绘画的关系，探索和研究当代中国画创作的内涵及发展方向。高研班以创作为主线，强化“技”与“道”的互补，出作品、出人才，迎接全国各类美术大展。自2006年8月开班，经过五届的教学，来自全国各地的百余位学员在学习、创作中取得了优异的成绩，部分作品在全国中国画大展中入选、获奖。

招生对象：

中国画（山水、花鸟专业）。在中国画创作上有一定经验和基础的画家，具备良好的艺术素养和较强的专业创作能力及研究能力，年龄一般不超过50岁。

招生计划：28人

课程特色：

师资雄厚：聘请清华大学美术学院教授、中央美院、国家画院等国内著名院校教授等进行点评、开设专题讲座。教学过程中有导师、助教亲临辅导。

主讲导师：刘怀勇老师。

经验共享：结合中国画专业人员的需求和课程特点，创造与专家、同行精英沟通的平台，在轻松愉快的学习环境中分享各自的成功经验。

课程设置：

序号	课程名称	考核方式
1	中国传统绘画技法研究（山水、花鸟）	考查
2	中国当代绘画技法研究（山水、花鸟）	考查
3	综合学习（书法、篆刻、史论、其他）	考查
4	结构写生（山水、花鸟）	考查
5	创作写生（山水、花鸟）	考查
6	创作（山水、花鸟）	考查

项目计划起止日期：2011年9月19日-2012年7月19日

学习方式：

全日制学习，每周一安排专家讲座，周三、周五具体辅导，其余时间自习（助教辅导）。自2011年9月～2012年7月，分上下两个学期上课，共计640课时。

上课地点：清华大学（清华园校内）、万荫堂美术馆

学业认证：

学员完成规定课程且考核通过后，由清华大学教育培训管理处统一颁发清华大学继续教育学院主办的

“中国画高级研修班”项目结业证书，加盖“清华大学教育培训证书专用章”钢印和清华大学继续教育学院主办单位公章，证书号可登录清华大学教育培训与认证网站查询，网址 http://thtm.tsinghua.edu.cn

报名程序：

1. 自收到招生简章之日起即可报名。请学员填写《报名登记表》，传真或发邮件至主管招生的老师，并致电 010-62798410 确认。如有疑问请及时来电话咨询。

2. 提交本人国画作品 2～4 件照片（7 寸以上，要求清晰），由清华大学继续教育学院组成考核评审小组，根据学员交来的报名材料及作品图片进行考核，择优录取。请将报名材料挂号投寄或发电子邮件，材料不齐备者不予办理报名手续；如未录取，报名材料恕不退回。

3. 将于 8 月 31 日前向被录取学员发出入学通知书，安排报到和参加学习。报到时请携带学历证复印件一张，一寸照片 2 张，二寸照片 2 张（蓝底、免冠、无肩）。

学习费用：

培训费 25，000 元 / 人，含授课、讲义资料、结业证书、通讯录等费用。食宿由学院协助安排，费用自理。

交费方式：

以银行汇款方式交纳：

开户行：工商银行北京分行海淀西区支行

户　名：清华大学（256）

账　号：0200004509089131550

请在汇款单“用途”一栏注明“继教院中国画高研班培训费（学员姓名）”，并将汇款凭证传真至 010-62797421，以便我们及时查收并开具收据。

报名咨询：

主办单位：清华大学继续教育学院

地　　址：北京市海淀区清华大学创新大厦 A 座四层　　邮编：100084

联 系 人：佟老师 13910238824，刘老师 15810035330

电　　话：010-62798410

传　　真：010-62797421

电子邮箱：tongdan@tsinghua.edu.cn

网　　址：www.sce.tsinghua.edu.cn

清华大学教育培训咨询投诉电话：400-818-0909

清华大学教育培训与认证网：

查询项目请登录：http://thtm.tsinghua.edu.cn

本项目宣传材料有效期：2011 年 7 月 8 日－2012 年 7 月 8 日

中国画高级研修班报名表

姓 名		性 别		年 龄		照 片
民 族		最高学历		专 业		
身份证						
单位名称						
学习经历						
工作经历						
通讯地址						
邮 编		电 话		手 机		
E-mail						

您是通过什么途径了解到本招生信息的：

□报纸（注明名称）:	□杂志（注明名称）:	□我院网站
□其它网站（注明名称）:	□信件	□其它

□朋友推荐（如推荐人为我院老学员，请务必注明：推荐人姓名

是否需要协助解决住宿：　　□是　　□否

请完整填写报名表，并选择如下方式转达我们：

方式一：传真至 010-62797421 佟老师

方式二：发电子邮件至：tongdan@tsinghua.edu.cn

咨询电话：佟老师 010-62798410，13910238824　刘老师 15810035330

此表复印有效，所填信息仅用于招生工作，请您完整填写。

万葫堂年鉴2010

責任編輯：張脉峰

出版發行：中國文化出版社

印　　刷：本社印刷廠

開　　本：889×1194　1/16開本

印　　張：12

印　　數：1—2000册

版　　次：2011年11月第1次

印　　次：2011年11月第1次印刷

書　　號：ISBN 978-988-18866-3-7

定　　價：180.00元